Alpenüberquerung Oberstdorf – Meran
Eine siebentägige Alternativroute zum Fernwanderweg E5

Auf und raus!
Band I

André Dückers

Alpenüberquerung Oberstdorf – Meran
Eine siebentägige Alternativroute zum Fernwanderweg E5

Alle Rechte vorbehalten.
Das Werk ist einschließlich aller seiner Teile urheberrechtlich geschützt. Jede Verwertung außerhalb der engen urheberrechtlichen Grenzen ist ohne Zustimmung des Autors unzulässig und strafbar.
Das gilt insbesondere für die Vervielfältigung, Übersetzung und der Mikroverfilmung sowie die Einspeicherung und Verarbeitung in elektronischen Systemen.

© 2013 André Dückers, Nettetal
Herstellung und Verlag: Books on Demand GmbH, Norderstedt.
ISBN 978-3-7322-7892-3

Titelfoto: © André Dückers, weitere Fotos von André Dückers, Christoph und Martin Buschmann. Foto Memminger Hütte mit freundlicher Genehmigung von Manuel Walch.

Bibliographische Information Der Deutschen Bibliothek:
Die Deutsche Bibliothek verzeichnet diese Publikation in der Deutschen Nationalbibliographie; detaillierte bibliographische Daten sind im Internet über http://dnb.ddb.de abrufbar.

Das vorliegende Buch wurde sorgfältig erarbeitet. Dennoch erfolgen alle Angaben ohne Gewähr. Weder Herausgeber, Autoren noch der Verlag können für eventuelle Schäden, die aus den im Buch vorgestellten Informationen resultieren, eine Haftung übernehmen.

Inhalt

Vorwort 7

1 Tourenplanung und -vorbereitung 10
   1.1 Überblick 10
   1.2 Jahreszeit, Wetter, Klima 11
   1.3 Orientierung und Hilfsmittel 13
   1.4 Kondition und Fitness 14

2 Ausrüstung 16
   2.1 Am Mann 17
   2.2 Im Rucksack 18
   2.3 Für die Hütte 20
   2.4 Packliste 22

3 Sicherheit 23
   3.1 Risiken 23
   3.2 Alpine Sicherungstechniken 26
   3.3 Mit oder ohne Bergführer? 29

4 Tourbeschreibungen 31
   4.1 Etappe 1:
      Oberstdorf – Prinz-Luitpold-Haus 31
   4.2 Etappe 2:
      Prinz-Luitpold-Haus – Memminger Hütte 35
   4.3 Etappe 3:
      Memminger Hütte – Zams 42
   4.4 Etappe 4:
      Zams - Mittelberg 49
   4.5 Etappe 5:
      Mittelberg – Vent 53

4.6 Etappe 6:
    Vent - Similaunhütte   60
4.7 Etappe 7:
    Similaunhütte - Meran   66
4.8 Angekommen   70

5 Tipps und Infos   72
  5.1 Kostenkalkulation   72
  5.2 Kartenmaterial   74
  5.3 Bergschulen   75
  5.4 Weiterführende Literatur   76

Vorwort

*Viel zu spät begreifen viele
die versäumten Lebensziele:
Freuden, Schönheit und Natur,
Gesundheit, Reisen und Kultur.
Darum, Mensch, sei zeitig weise!
Höchste Zeit ist's! Reise, reise!*

Wilhelm Busch

Ich weiß nicht wie es Ihnen geht. Mich zieht das Unbekannte immer magisch an. Als Niederrheiner bin ich in der glücklichen Lage, inmitten wunderschöner Natur mit weiten Feldern, Wäldern und unzähligen Seen zu leben. Die Naturbegegnung ergibt sich für mich ganz wie von selbst, wenn ich das Haus verlasse. Zum Wandern ist meine Heimat unglaublich schön, aber sie ist im wahrsten Sinne des Wortes niveaulos. Wenn nach den Niederlanden und Norddeutschland eine Region das Attribut „plattes Land" verdient, ich wohne mittendrin. Und so zieht es mich immer wieder in Gegenden, die sich landschaftlich er- und somit abheben.

Berge bieten aber nicht nur willkommene landschaftliche Abwechslung, sondern haben ihren ganz eigenen Reiz: Abgeschiedenheit und Ruhe, Auszeit von Hektik und Stress, das Gefühl von Freiheit und vereinfachtem Leben, vor allem durch stark reduziertes Gepäck bei Hüttentouren.

Als im Herbst 2011 ein Freund auf die Idee kam, die Alpen zu überqueren, war ich sofort begeistert. Insbesondere die Vorstellung, das einmalige Naturerleben in den Bergen mit einer sportlichen Herausforderung kombinieren zu können, zog mich in den Bann. Was das

Vorwort

Ganze werden sollte, war mir zu dem Zeitpunkt nicht gänzlich klar. Dass das Ganze aber ein lohnendes Experiment darstellt, das eigene Fähigkeiten genauso auf den Prüfstand stellt wie das Funktionieren einer Gruppe, davon war ich überzeugt.

Recht schnell sortierte sich das Feld potenzieller Mitstreiter und möglicher Routen. Am 02.08.2012 brach ich mit Martin und Christoph Buschmann auf, um in sieben Tagen von Oberstdorf nach Meran zu wandern. Auf einen Bergführer verzichteten wir ebenso, wie auf die Streckenführung des E5. Zu überlaufen sei dieser Weg, sagten uns Einige im Vorfeld, was sich im Laufe der Tour bestätigen sollte. Zudem wollten wir ein paar Herausforderungen einbauen, die die klassischen Etappen des Fernwanderwegs so nicht bereit halten. Die ein oder andere Kletterpassage wäre schön; ein paar Gipfelerlebnisse sollten nicht fehlen und die Einbindung von alpinen Hochtouren auf Wildspitze und Similaun möglich sein.

Der hier vorliegende Tourenbericht beschreibt die einzelnen Etappen der siebentägigen Tour und ergänzt diese mit unseren eigenen Erlebnissen. Hinweise zur Tourenplanung und -vorbereitung, Ausrüstungslisten, Adressen von Hütten und Hotels sowie weitere Tipps runden den Reisebericht ab. Die angegebenen Zeiten sind nicht nur abhängig von der persönlichen Konstitution, sondern auch von Gruppengröße, Witterungsbedingungen und Tagesform. Sie gelten daher als grobe Richtwerte, Pausen sind nicht eingerechnet.

Mein Dank gilt meinen Bergkameraden Martin und Christoph Buschmann. Gemeinsam haben wir die Tour geplant, vorbereitet und durchgeführt. Bei der Erstellung dieses Wanderführers setzte sich die Zusammenarbeit fort. Ein so unkompliziertes Dreierteam ist nicht selbstverständlich!

Danke auch an meine Frau Simone, die wieder mal die undankbare Aufgabe des Korrekturlesens übernahm und meine Flausen tapfer erträgt.

Allen Leserinnen und Lesern wünsche ich viel Spaß bei der Lektüre und beim (Nach-)Wandern.

André Dückers

1 Tourenplanung und –vorbereitung

1.1 Überblick

Die klassische Alpenüberquerung von Oberstdorf nach Meran läuft über den Fernwanderweg E5. Die begangene und hier vorgestellte Tour weicht in weiten Teilen von der Streckenführung ab. Dies geschieht zum einen wegen der relativ hohen Frequentierung des klassischen Weges, was der Begegnung mit Berg und Natur meiner Meinung nach zumindest in den Aspekten Stille, Ruhe und Genuss im Wege steht, zum anderen weil die Streckenführung des E5 einige vor allem hochalpine Hotspots wie die Wildspitze und den Similaun auslässt. Die hier beschriebene Tour enthält die Option, diese Hochtouren einzubauen und weitere Gipfelerlebnisse zuzufügen. Wem diese Teile zu anspruchsvoll erscheinen, kann sie auslassen und sich auf die dargestellte Streckenführung konzentrieren.

Trotz des Bemühens die Tour jenseits des E5 anzulegen, bewegt sie sich in den gleichen Alpengebieten, geht weitgehend über die gleichen Gebirgskämme und durch die gleichen Täler. Einzelne Strecken wie etwa die Venetüberschreitung und die Tour zum Similaun bis Vernagt bzw. Meran sind mit dem E5 identisch, folgen aber durch die Auswahl anderer Unterkünfte bzw. Übernachtungsorte einem anderen Rhythmus und entgehen damit weitgehend dem Andrang auf der klassischen Streckenführung.

Vom Startpunkt Oberstdorf aus geht es in die Allgäuer Alpen Richtung Hochvogel. Es erfolgt ein Abstieg ins Hornbach- und Lechtal, dabei wird die Grenze zwischen Deutschland und Österreich überschritten. Vom

Tourenplanung und -vorbereitung

Madautal aus steigt die Route in die Gebirgszüge der Lechtaler Alpen auf, bevor es ins Sanna- bzw. Inntal heruntergeht. Über den Venet geht es anschließend ins Pitztal. Zwischen Geigenkamm und Kaunergrat bringt uns der Bus nach Mittelberg, von wo aus es entweder über die Wildspitze, mit 3768 m dem höchsten Gipfel der Ötztaler Alpen, oder über das Pitztaler Jöchl nach Vent geht. Über den Schnalskamm mit Similaun und Finailspitze überschreiten wir die Grenze nach Italien und steigen anschließend durch das Tisental nach Vernagt ab, von wo aus der Transfer über Nauders der Etsch entlang nach Meran stattfindet.

Insgesamt sind für die Route sieben Wandertage vorgesehen. Damit das erklärte Ziel erreicht werden kann, greifen wir für einige weniger spektakuläre Abschnitte auf Seilbahn und Bustransfer zurück. Wer die Strecke lieber gänzlich zu Fuss gehen möchte, kann das machen, sollte aber etwa die doppelte Zeit einkalkulieren. Der Transfer von Vernagt nach Meran kann beispielsweise auch durch eine Wanderung über den Meraner Höhenweg ersetzt werden. Allein hierfür sollten aber zwei bis drei weitere Tage eingeplant werden.

1.2 Jahreszeit, Wetter, Klima

Die beste Zeit des Bergwanderns liegt in den Sommermonaten von Juni bis Anfang September. Bis tief in den Sommer hinein muss auf den nördlichen Hängen noch mit Altschneefeldern gerechnet werden. Ab September nimmt die Wahrscheinlichkeit von Neuschnee deutlich zu. Zudem ist das Wetter in den Sommermonaten in der Regel verhältnismäßig stabil, die Tage sind am längsten und die Temperaturen auch in höheren Lagen noch angenehm. Zu Bedenken ist allerdings, dass sich das

Tourenplanung und -vorbereitung

Wetter in den Alpen wegen der mikroklimatischen Bedingungen auch im Sommer schnell verändern und somit wechseln kann. Beim Aufstieg zu einem Joch oder einer Scharte kann im ersten Talkessel noch feuchtes und kühles Klima herrschen, während nach Überschreitung im zweiten Tal bei deutlich höheren Temperaturen die Sonne scheint oder umgekehrt. Auch Schneefall ist in hohen Lagen selbst im Sommer nicht gänzlich auszuschließen.

Tendenziell sind die Regionen der Nordalpen, so zum Beispiel beim Startpunkt der Tour die Allgäuer Alpen, vom mitteleuropäischen gemäßigten Klima geprägt. Jenseits der Zentralalpen macht sich ein mediteraner Einfluss bemerkbar, der sich in höheren Temperaturen und geringeren Niederschlagsmengen zeigt. Zu Bedenken ist hier andererseits, dass man sich insbesondere in den Ötztaler Alpen in höheren Gegenden aufhält als beispielsweise zu Beginn der Tour. Etwa ein halbes Grad Celsius pro 100 Höhenmeter sind als Temperaturverlust einzukalkulieren. Während es auf 1000 m Höhe noch sommerlich warm ist, sind die Temperaturen bei 3000 Meter nicht selten unter 10°C.

Nicht nur wegen der Wahl der passenden Kleidung (s. auch Sicherheit/alpine Gefahren) lohnt es sich daher Informationen zur Wetterlage im Vorfeld einzuholen. Das aktuelle Bergwetter erfährt man unter: http://www.alpenverein.de/DAV-Services/Bergwetter. Gut informiert sind in der Regel auch die Hoteliers und Hüttenwirte.

Tourenplanung und -vorbereitung

1.3 Orientierung und Hilfsmittel

Bei einem alpinen Basiskurs, der übrigens jedem, der sich mehr oder weniger unerfahren ins Hochgebirge vorwagt, ans Herz gelegt sei, sagte mir ein DAV-Referent: „Nichts ersetzt eine vernünftige Karte." Und er hat Recht. Nicht dass mich moderne, GPS-basierte Orientierungshilfsmittel nicht faszinieren könnten, doch seit ich im vorigen Jahr ein Ehepaar in Südtirol jenseits der Düsseldorfer Hütte mit eben einem solchen Gerät unterwegs habe wandern sehen, hat sich meine Begeisterung für diese Art von Hilfsmittel wesentlich dezimiert. Auf gut erkennbaren und ausgewiesenen Wegen ging „Er", den Blick tief ins Display vergraben, in deutlichem Abstand vor „Ihr", die sich offensichtlich ob der Wegbeschaffenheit trotz Einsatz von Trekkingstöcken am Rand ihrer körperlichen und/oder mentalen Konstitution befand. Zwei Dinge wurden mir klar: Erstens ist der Einsatz von GPS in aller Regel ohne Sinn, da die Streckenführung im Alpenraum (zumindest auf wesentlichen Teilen der hier vorgestellten Tour) gut ausgewiesen und markiert ist. Zweitens birgt die Bewunderung für technische Errungenschaften zuweilen die Gefahr, den Blick für das Wesentliche, wie hier für die Probleme der Bergkameradin, zu verlieren.

Sollte darüber hinaus das Wetter sich derart verschlechtern, dass die Wegführung nicht mehr zu erkennen ist, herrscht in aller Regel auch ein eingeschränkterer GPS-Empfang. Probleme mit der Stromversorgung oder andere technische Schwierigkeiten seien nur am Rande erwähnt. Letztlich bleibt es bei dem, worauf sich schon viele Generationen von Bergwanderern und −steigern verlassen haben und es immer noch tun: Karte und Kompass.

Tourenplanung und -vorbereitung

Und so hat der DAV-Referent in meinen Augen und für diese Tour absolut Recht. Karte und Kompass genügen. Als Kartenmaterial empfehle ich die unter 5.2 erwähnten Karten.

1.4 Kondition und Fitness

Die persönliche körperliche Fitness darf wohl als wichtigste Komponente beim Trekking bzw. Hochtourengehen betrachtet werden. Ist diese Einschränkungen unterworfen, begrenzt sie gleichzeitig Höhenmeter, Länge und Dauer der Einzel- wie Gesamtstrecke(n). Sie beschränkt nicht nur die persönliche Leistungsfähigkeit, sondern auch die der gesamten Seilschaft. Die Gruppe ist insbesondere am Seil nur so stark wie ihr schwächstes Glied. Die mangelhafte Kondition und Fitness eines Einzelnen führt deswegen nicht selten zum Abbruch der gesamten Tour.

Bei der hier vorgestellten Tourenwoche sollte bedacht werden, dass die Belastungen sieben Tage in Folge bei einer täglichen Gehzeit von 5 bis 9 Stunden und im Schnitt in Höhen von 2000 bis 3000 Metern stattfinden. Zudem fehlen Regenerationszeiten, da sowohl die Hotelübernachtungen wie auch die Hüttenaufenthalte zu kurz sind, um eine vollständige körperliche Erholung zu ermöglichen. Eine angemessene körperliche Fitness ist demzufolge Grundvoraussetzung zum Gelingen der Tour.

Dass ein gewisses Maß an Maximalkraft, Kraftausdauer und Beweglichkeit sinnvoll ist, bestreitet wohl kein Alpinist ernsthaft. Am wichtigsten erscheint für das Bergwandern aber wegen oben genannter Aspekte aber die Ausdauer als Konditionskompetenz zu sein. Für die

Tourenplanung und -vorbereitung

Vorbereitung auf diese wie andere Touren ist daher ein Training sinnvoll, das auf relativ geringe Belastung setzt, dafür aber längere Zeiträume in Anspuch nimmt. Kurze Spinning-Einheiten im Cardiobereich sind daher weniger sinnvoll als längere Fahrradtouren, Läufe oder Walking-Einheiten. Für 40-Jährige empfiehlt es sich während des Trainings nicht über eine Herzfrequenz von 150 Schlägen pro Minute zu gehen. Die Länge der Trainingseinheiten sollte möglichst bei einer Stunde (besser noch mehr) liegen.

Da beim Bergwandern vor allem Bein- und (beim Einsatz von Trekkingstöcken sowie beim leichten Klettern) Armmuskulatur beansprucht werden, empfiehlt es sich beim Training auch diese Muskelgruppen verstärkt einzubeziehen. Sinnvolle sportliche Betätigungen sind folglich (Nordic)Walking, Laufen und Fahrrad fahren.

Mein persönliches Sportprogramm wurde neben zwei wöchentlichen Laufeinheiten durch ein ein- bis zweimaliges Krafttraining pro Woche im Fitnessstudio ergänzt. Die Laufeinheiten sollten gegen Ende der Vorbereitung zehn Kilometer nicht unterschreiten. Einmal die Woche mehr Strecke zu machen ist zweifellos nicht verkehrt. Bestzeiten sind dabei weder notwendig noch sinnvoll. Zeiten von 60 Minuten oder weniger für zehn Kilometer zeugen in der Regel schon von einer guten Grundlagenausdauer. Zweifellos ist auch leichtes Laufen oder strammes Gehen an Steigungen eine gute Vorbereitung. Bei uns am Niederrhein gestaltet sich das aus bekannten Gründen als etwas schwierig. Ein Laufband mit Steigungssimulation ist daher eine sinnvolle Option.

2 Ausrüstung

Eine gute Ausrüstung ist wesentlich für den reibungslosen Ablauf einer Hüttentour. Der outdoor-orientierte (Freizeit-)Sportler ist sich ohnehin bewusst, dass weniger oft mehr ist, wenn dafür die Qualität stimmt. Denn erstens ist die Menge und das Gewicht der mitzunehmenden Ausrüstung begrenzt und zweitens kann man Ausrüstungsgegenstände, die in ihrer Funktion am Berg versagen, weder kurzfristig reparieren noch nachkaufen. Deshalb gilt: Lieber weniger Ausrüstung zulegen und dafür hochwertige Produkte kaufen. Dass eine gewisse Qualität ihren Preis hat, ist unstrittig. Auch im Outdoorbereich gibt es Billigkram und überteuerte Produkte. Ich orientiere mich in der Regel am mittleren Preissegment und habe bislang noch keine großartigen Enttäuschungen erlebt. Wer dagegen billig kauft, muss das Risiko einberechnen evtl. nach- oder neu zu kaufen, was am Schluss häufig teurer ist. Wichtiger als der Preis ist aber die Qualität bzw. die Fähigkeit des Produktes, die ihm zugewiesene Funktion zuverlässig zu erfüllen. „Ein bisschen wasserdicht" ist bei einer Hardshelljacke genauso wenig hilfreich wie ein Karabiner, der nur vielleicht das Sturzgewicht des Fallenden hält. Für mich ist die Lektüre der Produktempfehlungen und Tests in einschlägigen Fachzeitschriften wie Outdoor, Alpin oder Bergsteiger genauso eine Entscheidungshilfe wie die fachkundige Beratung eines Verkäufers in gut sortierten Bergsport-Läden.

Die meisten Menschen, die mit dem Gedanken spielen, die hier vorgestellte Tour so oder in abgewandelter Form nachzugehen, werden ohnehin weite Teile des Equipments bereits besitzen und über eigene Erfahrungen verfügen, nach welchen Kriterien sie die für ihre Bedürfnisse optimal passende Ausrüstung zu-

Ausrüstung

sammenstellen. Dennoch macht eine Auflistung der Ausrüstungsgegenstände Sinn, da fehlende Teile am Berg oder auch auf der Hütte zu vermeidbaren Problemen führen können. Die hier zusammengetragene Liste spiegelt meine eigene Ausrüstung wider. Sie erhebt keinen Anspruch auf Vollständigkeit oder Kompatibilität für jede und jeden. Eine gute Orientierungshilfe stellt sie meiner Meinung nach trotzdem dar.

2.1 Am Mann

Bei unserer Tour gehe ich mit folgender Ausrüstung los. Als erste Schicht dient eine Funktionsunterhose und ein Funktionshemd. Ich persönlich ziehe den T-Shirt-Stil dem klassischen Hemdstil vor. Was auch immer dem persönlichen Geschmack am ehesten zusagt, es sollte Funktionsgewebe sein. Baumwolle leitet die Körperausdünstungen nicht so gut nach außen, trocknet weniger schnell und fängt früher an zu riechen. Investieren Sie daher ein paar Euro in gute Funktionswäsche. Gleiches gilt auch für die Socken. Sie müssen einfach passen und „funktionieren". Nehmen Sie Abstand von der „Zwei-übereinander-Lösung", das taugt nichts.

Als zweite Schicht greife ich auf ein weiteres (Langarm-) Shirt zurück. Eine lange Trekkinghose sollte ebenfalls dazugehören. Sie sollte für Sommertouren nicht zu dick sein. Es muss meines Erachtens auch nicht zwingend wasserdichtes Material sein, aber robust und schnelltrocknend wäre gut.

Wichtig ist eine gute dritte Schicht. Ob Sie die Hardshelljacke tragen und die Softshell in den Rucksack packen oder umgekehrt ist den aktuellen Wetterbedingungen geschuldet. Die Hardshelljacke sollte eben-

Ausrüstung

falls robust sowie wind- und regendicht sein. Bewährt haben sich sogenannte 2,5- oder 3-Lagen-Jacken mit Goretex- bzw. Sympatex-Fasern oder vergleichbarem Material. Die Softshell kann weniger robust ausfallen, sollte aber dringend winddicht sein.

Ein weiterer wesentlicher Punkt der Ausrüstung sind die Bergschuhe. Ich habe mich für ein Produkt mit relativ fester Sohle entschieden, das zudem bedingt steigeisenfest ist. Für die Passagen, in denen wir mit Steigeisen gehen wie für die optional einzubindenden Hochtouren, macht sich der bessere Halt der Steigeisen bezahlt. Bedingt steigeisenfeste Bergschuhe zeichnen sich durch eine spezielle Wulst an der Ferse aus, an der die Steigeisen mit einem Kipphebel recht stramm angelegt werden können. Es ist auf jeden Fall wichtig, dass Schuhe und Steigeisen miteinander kompatibel sind. Auch hier empfiehlt sich für den Unkundigen oder Unsicheren eine gute Beratung in einem Bergsportfachgeschäft. Internethändler sind nicht zwingend günstiger. Ob die Schuhe zu Ihrem Fuß und Ihren Bedürfnissen passen, werden Sie online auch selten ohne Fehlversuche herausfinden.

Ergänzt wird die Ausrüstung am Mann durch eine Sonnenbrille, Sportuhr, ein Multifunktionstuch (z.B. Buff) und gegebenenfalls durch eine Kopfbedeckung.

2.2 Im Rucksack

Der Rucksack selbst sollte ein Volumen von 40 – 45 Litern nicht unterschreiten. Auch hier macht sich eine Beratung und Anprobe mit Sicherheit bezahlt. Bewährt haben sich Modelle mit Hinterlüftung. Ich empfehle des weiteren darauf zu achten, dass das favorisierte Modell viele Taschen hat, um auf möglichst viele Ausrüstungs-

Ausrüstung

gegenstände zugreifen zu können ohne den kompletten Inhalt entleeren zu müssen. Das was man gerade braucht, befindet sich in aller Regel nämlich an der unzugänglichsten Stelle. Ein Schuhfach am Boden des Rucksacks ist ebenso hilfreich. Werden die Bergschuhe gerade getragen, können Turn- bzw. Hüttenschuhe oder auch die alpine Ausrüstung wie Steigeisen, Klettergut, Karabiner etc. dort gut untergebracht werden. Diese Gegenstände sind relativ schwer und gehören daher auch zur günstigen Schwerpunktentwicklung möglichst nach unten.

Die komplette Ausrüstung ist zu tragen.

In den Rucksack gehören dann eine weitere Funktionshose und ein weiteres Hemd, sowie zwei zusätzliche Trekkingsocken. Wenn Sie die lange Hose bereits tragen, sollte eine kurze Hose noch in den Rucksack. Gleiches gilt für die Hardshell- bzw. Softshelljacke. Da Sie bei der hier vorgestellten Tour auf Höhe kommen,

Ausrüstung

ist je nach Wetterlage auch mit Kälte zu rechnen. Eine Fleecejacke oder ein Fleecepullover sind daher zwingend mitzunehmen. Außerdem sind Handschuhe und Mütze einzuplanen.

Die spezielle Hochtourenausrüstung (Klettergurt, Klettersteigset, Schlingen, Karabiner, Steigeisen und ggf. Helm und Eispickel) ist bei Bedarf auch Bestandteil der zu transportierenden Ausrüstung.

2.3 Für die Hütte

Für den Hüttenaufenthalt ist eine Hüttenschlafsack notwendig. Dieser kann als solcher im Fachhandel oder direkt beim DAV gekauft werden. Ein Schlafsack-Inlet tut die gleichen Dienste und wird in Baumwoll- oder Seidenausführung angeboten. Zur Not kann der Hüttenschlafsack auch an der ersten Hütte gekauft werden. Bitte verzichten Sie aus hygienischen Gründen nicht auf diesen Ausrüstungsgegenstand.

Auf der Hütte werden die Bergschuhe jenseits des Gastraums nicht getragen. Spätestens vor dem Lager müssen diese ohnehin ausgezogen werden. Nahezu jede Hütte hat einen Trockenraum, in dem die Schuhe dann unter ihresgleichen die Nacht verbringen können. Es empfiehlt sich daher die Mitnahme von einem Paar sauberen Schuhen für die Hütte. Da wir bei unserer Tour nicht nur auf Hütten, sondern teilweise auch in Hotel und Pension übernachtet haben, entschied ich mich für ein paar leichte Turnschuhe.

Notwendig sind darüber hinaus Artikel zur persönlichen Körperhygiene inklusive Kulturbeutel. Wer Gewicht reduzieren will, kann hier auch auf einen wiederver-

Ausrüstung

schließbaren Plastikbeutel zurückgreifen. Außerdem sollte ein Handtuch, ein Lippenpflegestift und Sonnencreme nicht fehlen. Für den evtl. Toilettengang bei Nacht empfehle ich, eine Stirnlampe mitzunehmen.

Neben den obligatorischen Ausrüstungsgegenständen sind noch an die persönlichen Gegenstände und diese, die der Gesamtgruppe zugute kommen, zu denken. Für mich kamen noch Handy und Ladegerät, Fotokamera und Ladegerät, Notizblock mit Stift, Geld, Ausweise, Kartenspiel und Verpflegung dazu. Ein Erste-Hilfe-Set macht Sinn, muss aber zweifellos nicht von jedem mitgenommen werden.

Ausrüstung

2.4 Packliste

Am Mann		Im Rucksack		In der Hütte		Sicherheit		Sonstiges	
Funktionshose	35 g	Funktionshose	35 g	Hüttenschlafsack (Seide)	115 g	Klettergurt	480 g	Handy, Ladegerät	170 g
Funktionsshirt	125 g	Funktionsshirt	125 g	leichte (Sport-)Schuhe	700 g	Steigeisen inkl. Schutzhülle	1260 g	Fotoapparat, Ladegerät	295 g
Langarmshirt	200 g	2 x Socken	110 g	Kulturbeutel inkl. Waschzeug	275 g	Trekkingstöcke, ggf. Eispickel	535 g	Notizblock, Stift	100 g
Trekkinghose lang	495 g	Trekkinghose kurz	250 g	Handtuch	125 g	Seil		Bargeld	50 g
Trekkingsocken	55 g	Fleecepullover	245 g	Sonnencreme, Lippenpflegestift	75 g	Bandschlingen, Reepschnur, Karabiner		Dokumente, Schlüssel	40 g
Hardshelljacke	530 g	Softshelljacke	475 g	Stirnlampe		Tourenbeschreibung	100 g	Kartenspiel	85 g
Bergschuhe	1660 g	Handschuhe	110 g	Ggf. Oropax		Kartenmaterial, Kompass	320 g	Verpflegung	320 g
Sonnenbrille	20 g	Mütze	60 g			Taschenmesser	285 g	2 x 500 l Wasser/Tee inkl. Flaschen	1210 g
Buff	35 g	Rucksack (45l) mit Regenhülle	1300 g			Feuerzeug	15 g		
Sportuhr	45 g					Erste-Hilfe-Set inkl. Tabletten	295 g		
Gesamt	**3200 g**		**2710 g**		**1390 g**		**3170 g** Ohne Seil, Karabiner etc.		**2270 g**
Ausrüstung am Mann 3200 g								Ausrüstung im Gepäck/Rucksack 9540 g	

3 Sicherheit

3.1 Risiken

Wer sich in den Bergen bewegt, muss sich darüber im Klaren sein, dass es zwar kalkulierbare, aber dennoch nie ganz auszuschließende Gefahren gibt, denen man sich aussetzt.

Ein erster Risikofaktor sind die in mikroklimatischen Alpenräumen recht zügig und oft nicht gänzlich vorhersehbaren **Wetterveränderungen**. Letztlich ist Bergwandern und -steigen eine Betätigung, die in freier Natur stattfindet und daher ist sie den Wettereinflüssen sofort und unmittelbar unterworfen. Die geringe Vorhersehbarkeit des Wetters stellt dabei die jeweils anstehende Etappe vor eine harte Probe. So sehr der Sonnenschein im Sommer auch eine Wunschvorstellung jedes Bergwanderers darstellt, je bewusster muss man sich sein, dass dies häufig nicht der Fall ist.

Auch so kann der Sommer in den Alpen aussehen.

Bei schönem Wetter gestartete Etappen enden mittags nicht selten in Regen und/oder Gewitter. So macht es

Sicherheit

Sinn, um unnötigen Enttäuschungen vorzubeugen, sich nicht nur im Rahmen flexibler Planung, sondern auch ausrüstungstechnisch und mental auf Wetterschwankungen einzustellen.

Als weiterer Risikofaktor ist die **unrealistische Selbsteinschätzung** eigener Fähigkeiten zu benennen. Dies bezieht sich sowohl auf eine überzogene Vorstellung der eigenen konditionellen Konstitution als auch auf eine Überschätzung der eigenen technischen und insbesondere alpinen Kompetenzen.

Wer sich bei jeder Etappe zur nächsten Hütte quälen muss, weil die körperlichen Fähigkeiten schon vor Stunden ihr Limit überschritten haben, wird vermutlich bei der Alpenüberquerung genauso wenig Freude haben, wie diejenigen, die sich ohne entsprechendes Equipment oder dazugehörige technische Kompetenzen in alpines Gelände wagen. Beides erhöht im Übrigen auch die Anfälligkeit für Verletzungen und Unfälle.

Wir haben auf unserer Tour beides erlebt. Dass jeder auch tagesformabhängig mal an seine physischen Grenzen stößt, ist dabei verzeihlich, wenn die Routenführung so flexibel gewählt ist, dass man u.U. auch eine Hütte früher Quartier machen kann. Dass sich aber eine nicht gerade geringe Anzahl von Wanderern ohne Steigeisen zur Gletscherüberquerung aufmachte, halte ich für grenzwertig, zumal diese nicht den Eindruck erweckten, dass sie wegen der fortgeschrittenen Ausaperung des Gletschers bewusst auf Hilfsmittel verzichteten. Vielmehr erweckten doch Einzelne den Eindruck weder über die Ausrüstung noch über Fähigkeiten zur Gletscherquerung ohne selbige zu verfügen. Einen besonders sicheren Eindruck hinterließen sie auf uns nicht. Und so gesellt sich ein weiterer Risikofaktor dazu: **unangemes-**

Sicherheit

sene **Ausrüstung**. Wer für bestimmte Abschnitte auf die sinnvolle und ggf. sogar notwendige Ausrüstung nicht zurückgreifen kann und dies auch nicht mit entsprechender Erfahrung und Technik kompensieren kann, sollte besser eine Alternativroute wählen oder sich von vorne herein einer Bergschule oder dem DAV Summit Club anschließen, die in Technik einführen und die Ausrüstung bei Bedarf zur Verfügung stellen.

Auch wenn die hier vorgestellte Tour moderat beginnt und erst allmählich in größere Höhenlagen vorstößt, sollte der Risikofaktor **mangelhafte Höhenanpassung** genannt werden. Dass manche Veranstalter Hochtouren auf 5.000er anbieten und mit zwei Akklimatisierungstagen auszukommen glauben, ist meiner Meinung nach ein beunruhigender Trend. Die Alpenüberquerung stößt weder in solche Höhenlagen vor, noch geht sie aus dem Stand auf die hohen Gipfel. Das Risiko einer Höhenerkrankung ist dementsprechend gering. Dennoch gibt es immer wieder Einzelne, die schon bei 3.000 Meter Höhe eine deutliche Veränderung ihrer Leistungsfähigkeit wahrnehmen.

Wer sich für die Route jenseits des E5 entscheidet, sollte sich auch des zunehmenden **alpinen Risikos** bewusst sein. Von einer Lawinengefahr muss in Sommermonaten auf der hier vorgestellten Route wohl eher nicht ausgegangen werden. Trotzdem kann es auch im Hochsommer zu Schneefällen kommen, welche die ansonsten recht ausgeaperten Gletscher mit Neuschnee bedecken und das Erkennen der Spalten deutlich beeinträchtigen können. Die Gefahr eines Spaltensturzes steigt damit unweigerlich an. Eine Seilsicherung macht an dieser Stelle Sinn.

Sicherheit

Aber auch jenseits der Gletscher sind im alpinen Gelände und in steileren Passagen Gefahren vorhanden, die fatale Folgen haben können. Manche Stellen sind derart steil und/oder ausgesetzt, dass ein Fehltritt und Stolpern im schlechtesten Fall zum Absturz führen könnte. Trittsicherheit und Schwindelfreiheit sind daher für diese Route nicht nur wünschenswerte Fähigkeiten, sondern stellen eine unabdingbare Voraussetzung dar.

In einzelnen Abschnitten ergeben sich zudem noch Steinschlaggefahren. Die entsprechenden Stellen mit bekannten Gefahren sind in der Routenbeschreibung ausgewiesen.

Steinschläge sind aber nicht nur durch sich höher befindliche Kletterer auslösbar, sondern können sich auch als Folge eines Unwetters bemerkbar machen. Wegen eines aufziehenden Nebels brachen wir den Aufstieg zur Parseierspitze ab. Kurz nach Überschreiten der Patrolscharte querten wir gerade ein Altschneefeld, als uns ein kräftiges Gewitter mitsamt bohnengroßen Hagelkörnern in recht exponierter Lage erwischte. Die Freude über das Abziehen des Gewitters währte nicht lange, da unmittelbar danach erste Felsbrocken die Scharte herunterflogen, um ein massives Anschwellen des Gletscherbachs anzukündigen. Dieses Beispiel soll verdeutlichen, wie ein einzelner Auslöser mit einer Vielzahl von Gefahren einhergehen und zu massiven Einschränkungen der Tourfortsetzung führen kann.

3.2 Alpine Sicherungstechniken

Die Gletscher, mit denen man auf dieser Tour in Kontakt kommt, sind weitgehend ausgeapert. In den Sommermonaten befindet sich nur wenig Schnee auf dem

Sicherheit

permanenten Eis. Dies macht die Gletscher nicht schöner, aber die Spalten sichtbarer und damit grundsätzlich weniger gefährlich. Nicht wenige Alpinisten gehen daher an den hier vorgestellten Touren inzwischen ohne Seil. Wer sich auf den Gletschern sicher genug fühlt, weil er sie kennt, die Wetter- und vor allem auch die Sichtverhältnisse nicht durch z.B. Nebel eingeschränkt sind und die Spalten daher gut einsehbar sowie umgehbar sind, kann nach eigenem Ermessen auf das Gehen am Seil verzichten. Für weniger sichere Geher stellt das Seil eine psychologische Hilfe dar, der man sich ruhig bedienen soll. Ist die Sicht eingeschränkt oder sind durch Neuschnee die Spalten verdeckt, sollte dringend am Seil gegangen werden.

Gefährlich sind die Spalten vor allem dann, wenn sie verschneit sind: Schneebrücken verändern ihre Tragfähigkeit in Abhängigkeit von der Schneedicke und der Temperatur. Geht man im Sommer an wärmeren Tagen oder erst zur Nachmittagszeit, kann sich die Tragfähigkeit einer Schneebrücke über einer Spalte schon nachhaltig verändert haben und zum Einbruch führen. Aber auch unbedeckte Spalten, die wie eben bereits erwähnt bei dem ausgeaperten Zustand der Gletscher die Regel sind, werden bei schlechter Sicht durch Dunkelheit, Nebel oder Schneefall zum Problem: Sie sind kaum rechtzeitig zu erkennen. Spätestens jetzt ist das Gehen am Seil dringend anzuraten, vor allem, wenn man den Gletscher nicht kennt. Kann man also eine Spaltensturzgefahr nicht ausschließen, sollte gesichert gegangen werden.

Eine Seilsicherung empfiehlt sich erst ab einer Seilschaftsgröße von drei und mehr Seilkameraden. Bei einer Zweierseilschaft überwiegt meines Erachtens die Gefahr, dass der Seilzweite mitgezogen wird, gegenüber der schwierigen Aufgabe als Einzelner einen Spaltensturz

Sicherheit

abzufangen und dann auch noch alleine zu bergen.

Bei Dreierseilschaften empfiehlt sich ein Abstand von etwa 12 Metern, bei Vierer- und Fünferseilschaften 8-10 Meter. Ein Halbseil reicht in der Regel auf dem Gletscher aus, da bei den Sturzhöhen lediglich das zwei- bis dreifache Körpergewicht auf das Seil wirket. Gesichert wird mit Achterknoten und gesichertem Verschlusskarabiner direkt in der Schlaufe des Hüftgurtes. Letzterem würde ich dem Komplettgurt den Vorzug gewähren, da mit Hüftgurt der Spaltensturz besser zu halten ist, auch wenn der Gestürzte etwas weniger komfortabel im Seil hängt. Die Wahrscheinlichkeit, dass jemand in den Ostalpen so tief in ein Spalte stürzt, dass er im Freien hängt, ist ohnehin eher unwahrscheinlich. In den höheren und schneereicheren Regionen der Westalpen, lässt sich diese Diskussion zweifellos nochmal anders führen.

Das Restseil beim Seilersten bzw. -letztem sollte nicht zu knapp bemessen sein. Es ist für die Spaltenbergung mit der losen Rolle unverzichtbar. Daher wird es zur Puppe aufgenommen und unter der Deckeltasche des Rucksacks verstaut.

Am Seil zu gehen heißt aber nicht automatisch, dass ein Spaltensturz verhindert werden kann. Wichtig sind gute Spurwahl und die richtige Gehtechnik. Der Erfahrenste geht in der Regel voraus. Er kann das Spaltengelände am besten sondieren und gegebenenfalls Ausweichrouten einschlagen. Das Seil sollte straff bleiben, damit die Kräfte des Stürzenden sich nicht unnötig vergrößern.

Wichtig für die gesamte Seilschaft ist die technische Kenntnis eines jeden Einzelnen, eine Spaltenbergung durchführen zu können. Der Umgang mit „totem Mann", Prusikschlingen und loser Rolle sollte jedem Seilkamera-

Sicherheit

den vertraut sein. Sind Sie sich diesbezüglich nicht sicher oder schlichtweg unerfahren, sollten Sie auf Touren, die ein Gehen am Seil erforderlich machen, verzichten oder sich einem Bergführer anvertrauen. Eine gute Alternative und Vorbereitung ist ein Basis- und oder Hochtourenkurs bei Ihrer DAV-Sektion. Hier erlernen Sie nicht nur die Spaltenbergung, sondern werden auf das Gehen mit Steigeisen, das Gehen am Seil, die notwendige Sicherungstechnik und vieles weitere mehr vorbereitet. In aller Regel lernen Sie darüber hinaus auch noch nette Bergkameraden kennen, mit denen sich vielleicht die ein oder andere Tour unternehmen lässt.

3.3 Mit oder ohne Bergführer?

Viele Alpenüberquerungen werden von professionellen Bergschulen oder dem DAV Summit Club mit Bergführer angeboten. Das Angebot reicht dabei von Komforttouren mit Gepäcktransport bis zu speziellen Angeboten für Frauen oder Twens. Wir haben uns bewusst gegen eine geführte Tour entschieden. Zweifellos waren wir im Vorteil, mit drei Mann eine Seilschaft zusammen zu haben, die nicht gänzlich unerfahren in die Alpen aufgebrochen ist. Dazu kam ein Mindestmaß an Erfahrung, auch was hochalpines Gelände inklusive Gletscherbegehung und ausgesetztere Kletterstellen sowie Kenntnisse bezüglich der entsprechenden Sicherungstechniken betrifft. Wer sich diesbezüglich unsicher oder zu unerfahren fühlt (und hier ist tatsächlich die subjektive Einschätzung gefragt), sollte auf geführte Touren zurückgreifen. Hier vermitteln in der Regel gut ausgebildete und qualifizierte Berg- und Wanderführer wesentliche Kenntnisse und, was vielleicht noch wichtiger ist, die notwendige Sicherheit. Neben den klassischen E5-Alpenüberquerungen bieten zahlreiche Anbieter auch Touren an, die etwas

Sicherheit

ungewöhnlichere und ambitioniertere Streckenführungen ermöglichen.

Zudem tritt häufig der Fall ein, dass sich keine Gruppe Gleichgesinnter finden lässt. Auch hier sind die angebotenen Reisen keine schlechte Alternative. Zum einen lässt sich in der Gruppe das Risiko bestimmter Passagen oder Situationen reduzieren, zum anderen ist man nicht sieben Tage alleine unterwegs, was dauerhaft auch auf's Gemüt schlagen kann. In der Regel ist man ja mit Gleichgesinnten zusammen, hat sofort einen Gesprächseinstieg und nicht selten entwickeln sich aus solchen anfänglichen Zweckgemeinschaften auch Freundschaften, die länger als die eigentliche Tour andauern.

Wer allerdings - wie wir - individuellere Streckenverläufe favorisiert und diese auch gerne flexibel handhaben möchte, bindet sich ungern an ein mehr oder weniger festgelegtes Programm. Wer auf diesen Aspekt nicht verzichten mag, sich aber alleine doch zu unsicher fühlt, kann natürlich auch einen Bergführer für eine auf seine Bedürfnisse zugeschnittene Tour oder auch nur etappenweise (beispielsweise für die Hochtouren) buchen. Auch hier bieten zahlreiche Bergschulen und selbstständige Bergführer ihre Dienste an, die aber dementsprechend zu entlohnen sind. Dass eine Einzelbetreuung dabei deutlich höher zu Buche schlägt, als die Begleitung einer Vierergruppe, versteht sich von selbst.

Letztlich ist die Entscheidung, ob die Tour mit oder ohne Bergführer geplant wird, vor allem abhängig von den Vorerfahrungen und Fähigkeiten. Der Rest ist Geschmackssache.

4 Tourbeschreibungen

4.1 Etappe 1:
Oberstdorf – Prinz-Luitpold-Haus

Anreise und behutsames Eingehen in den Allgäuer Alpen

Anspruch: ★★ Erlebnisfaktor: ♥
Gehzeit: 4 ¼ h ↑ 500 m   ↓ 600 m

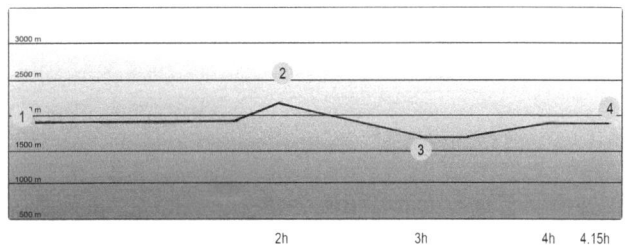

1 - Bergstation (1932 m)
2 - Rotkopf (2150 m)
3 - Talkessel (1680 m)
4 - Prinz-Luitpold-Haus (1846 m)

Nach einer etwa sechsstündigen Zugfahrt kommen wir am Bahnhof in Oberstdorf an. Vom Bahnhof aus geht es südlich über die Hauptstraße und kurz darauf in südöstliche Richtung auf die Nebelhornstraße. Der Straße folgend trifft man nach 10 Minuten Fußweg auf die Talstation der Nebelhornbahn. Von hier aus geht es mit der Kanzel über die Schattenberg-Sprungschanze hinnauf zur Bergstation. Die höchste Bergbahn im Allgäu führt uns nicht ganz hinauf, sondern nur zur zweiten Station Höfatsblick auf 1932 m (Bergfahrt 19,- Euro pro Person, Infos unter www.das-hoechste.com).
Wir halten uns zwischen der Bergstation Höfatsblick und dem Edmund-Probst-Haus und bewegen uns anfangs noch auf breiten und befestigten Wanderwegen durch

Tourbeschreibungen

üppige Blumenwiesen. Am Bergkamm werden die Wege schmaler. Hier geht es über Geröll, später über Fels.

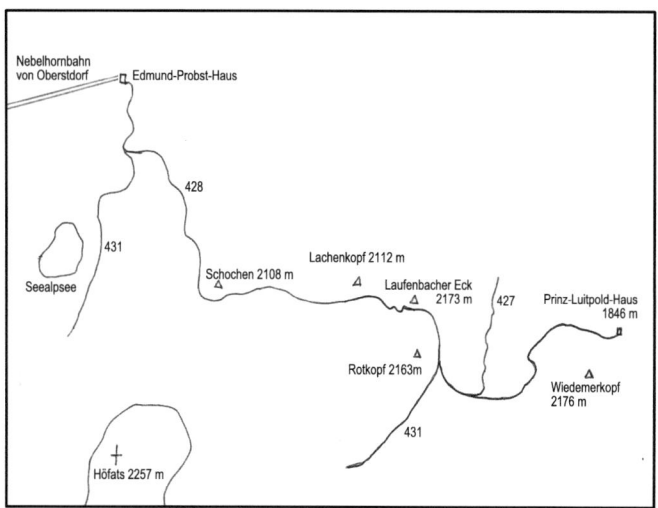

Der Weg (Nr. 428 bzw. Laufenbacheckweg) führt am großen und kleinen Seekopf vorbei und gewinnt zunehmend Steig-Charakter. Sechs Drahtseilversicherungen müssen gemeistert werden. Diese sind wenig schwierig und auch wenn der Weg nur spärlich ausgezeichnet ist, lässt er sich gut erkennen. Eine Orientierung fällt nicht schwer. Unterhalb des Lachenkopfs erfolgt ein strammer Aufstieg von etwa 150 Höhenmetern zum Laufenbacher Eck und dann zum Rotkopf. Wir erreichen eine Höhe von 2150 Meter. Runter geht es auf etwas kargeren Nordhängen. Auch hier ist es felsig und zum Teil seilversichert. Die Aussicht auf den Talkessel entlohnt die erste Mühen und ist eine gute Einstimmung auf die in den nächsten Tagen folgenden Naturerlebnisse. Nach dem Queren eines Gletscherbachs geht es über zwei Altschneefelder bis uns nach gut 400 m Abstieg eine Viertelstunde halbwegs ebenes Gelände erwartet. Hier

Tourbeschreibungen

sind nochmal ein Geltscherbach und ein Schneefeld zu überwinden, die es durchaus schon in sich haben. Empfehlenswert ist diese Streckenführung nur bei gutem, insbesondere trockenem Wetter.

Blick auf den Seealpsee

Am Laufenbacher Eck

Tourbeschreibungen

Dann folgen eine Dreiviertelstunde lang recht knackige Anstiege. Anfangs präsentiert sich der Weg sehr schmal, erdig und z.T. durch an Urwald erinnernden Bewuchs führend. Erste Assoziationen rufen die Bilder von Mangrovenwäldern wach, auch wenn hier kaum Wasser fließt. Dafür ist es schwül und die zahlreich vorhandenen Insekten verstärken den tropischen Eindruck. Eine Machete wäre hier gefühlt der bessere Ausrüstungsgegenstand als der Pickel, den wir jetzt schon mitführen. Später wird der Weg besser, da ausgebauter. Die letzte Viertelstunde führt gemütlich zur ersten Hütte der Tour, dem Prinz-Luitpold-Haus auf 1846 m Höhe. Kurz vor der Hütte haben wir ersten Murmeltierkontakt, auch wenn die Tiere sich noch recht reserviert zeigen und bei zu kurzer Distanz lieber wieder in ihren Höhlen verschwinden. Die Hütte ist jetzt schon gut zu sehen. Das gute Gefühl, die erste Etappe nach 4 ¼ Stunden bald überstanden zu haben, wird mit der Vorfreude auf das erste Hüttenbier garniert.

Unterkunft: Prinz-Luitpold-Haus (1846 m)
Pächter: Andreas Berktold, www.prinz-luitpoldhaus.de
Reservierung per email: post@prinz-luitpoldhaus.de
Übernachtung für DAV-Mitglieder 8,- Euro/Lager

Tourbeschreibungen

4.2 Etappe 2:
Prinz-Luitpold-Haus – Memminger Hütte

Erste Herausforderung mit ordentlich Höhenmetern, Kletterei und Gipfelbesteigung

Anspruch: ★★★   Erlebnisfaktor: ♥♥
Gehzeit: 9 h   ↑ 1750 m   ↓ 1600 m

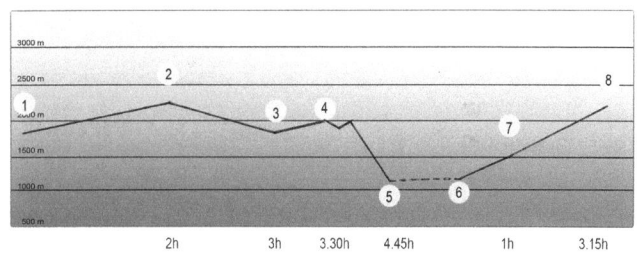

1 - Prinz-Luitpold-Haus (1846 m)
2 - Kreuzspitze (2367 m)
3 - kl. Bergsee (1880 m)
4 - Fuchsensattel (2039 m)
5 - Hinterhornbach
6 - Madau
7 - Materialseilbahn (1500 m)
8 - Memminger Hütte (2242 m)

Das Prinz-Luitpold-Haus verlassen wir nach dem Frühstück im Nebel, der sich aber schnell lichten soll. Der Weg 422 beginnt unmittelbar hinter der Hütte. Es geht eine halbe Stunde lang eine serpentinenähnliche Strecke etwa 150 Höhenmeter den Berg hinauf. Einige Gebirgsbäche sind zu queren, bisweilen bieten leichte Klettereinlagen Abwechslung. Bei der Gabelung halten wir uns rechts Richtung Kreuzspitze. Der Weg führt über Geröllpassagen und wird später felsiger. Zwei Schneefelder sind zu bewältigen bevor die letzten 120 Höhenmeter über einen versicherten Steig zur Kreuzspitze auf 2367 Meter hochführen. An der Stelle sehen wir die ersten Gemsen. Auch auf diesem Abschnitt ist leichte Kletterei angesagt. Entgegen ihres Namens hat die Kreuzspitze kein Kreuz, dafür belohnt sie die Mühen mit einem schönen Ausblick auf den

Tourbeschreibungen

Hochvogel (mit Gipfelkreuz). Bis hierhin sind etwa zwei Stunden Gehzeit einzurechnen.

Erste Schneefelder sind zu queren.

Klettereinlagen an der Kreuzspitze

Tourbeschreibungen

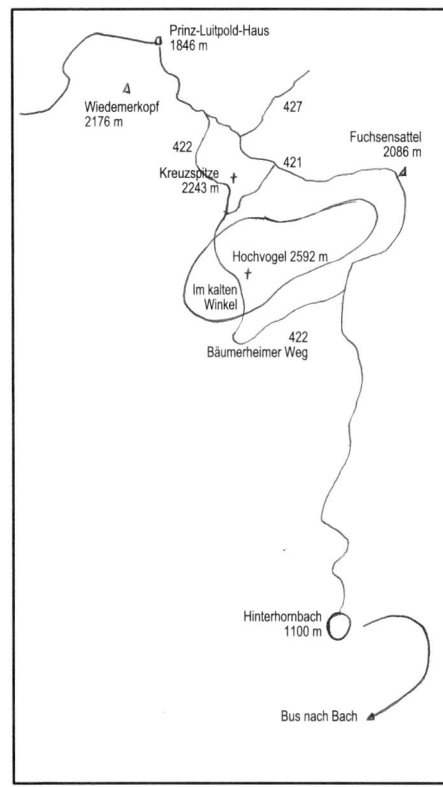

Es folgt ein kleines Stück Abstieg und führt uns dann rechter Hand auf Weg 421 in Richtung Balkenscharte. Bei der kommenden Gabelung halten wir uns links und treffen auf ein größeres Schneefeld, das recht steil heruntergeht, aber kaum zu umgehen ist. Hier machen wir zügig 300 Höhenmeter im Abstieg, ziehen wegen der Steilheit aber Steigeisen an. Das Gehen wird merklich angenehmer, sicherer und schneller. Nach 30 Minuten sind wir unterhalb des Schnees auf 2050 Meter und halten uns unten rechts weiter auf Weg 421 Richtung Hinterhornbach. Die Vegetation nimmt jetzt wieder deutlich zu. Es geht in Winden runter bis zu einem kleinen Bergsee auf 1880 Meter, den wir nach einer weiteren halben Stunde erreichen.

Von hier aus geht es über Geröll und Schutt auf der Nordflanke des Hochvogels hoch zum Fuchsensattel (2039 m), der nach weiteren 30 Minuten erreicht ist. Es

Tourbeschreibungen

schließt sich der Abstieg nach Hinterhornbach an, der nach 10 Minuten nochmal durch einen kurzen Aufstieg unterbrochen wird. Danach trifft der Weg mit dem Bäumenheimerweg zusammen und führt uns ein kurzes Stück über einen Bergrücken, bevor endgültig der Abstieg beginnt. Vegetationstypisch treffen wir zuerst auf spärlichen Krüppelkieferbestand, später geht es durch bewaldetes Gebiet. Wir treffen auf eine Fahrstaße, die wir ein Stück gehen, und halten uns später links Richtung Berggasthof Alpenrose, der hier schon ausgeschildert ist. Das letzte Stück führt nochmal über erdige Wege durch ein Stück Wald. Wegen zahlreicher Wasserläufe ist dieses Stück in Teilen recht matschig und rutschig. Beim Berggasthof kommen wir nach 2 ¼ Stunde Abstieg vom Fuchsensattel aus an und gönnen uns ein Weizenbier auf der Terrasse. Da die Fahrzeiten der öffentlichen Busse relativ früh am Tag enden, greifen wir auf das Taxi, das hier geordert werden kann, zurück und lassen uns nach Bach bringen.

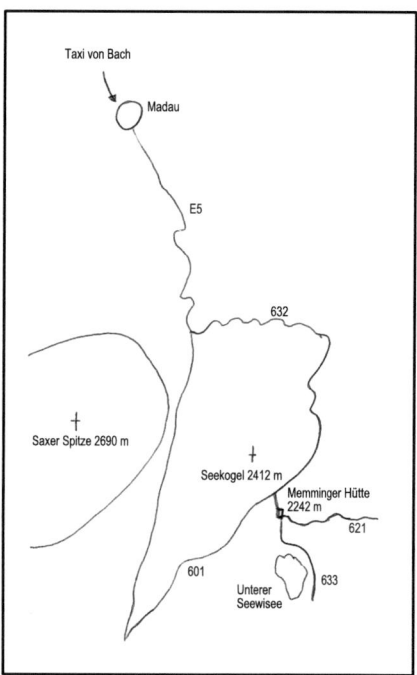

Von Bach aus fahren wir mit dem Taxiuntenehmen der Firma Feuerstein bei zum Teil abenteuerlichen Straßenverhältnissen nach Madau hoch. Das Taxiunternehmen hat auf dieser Strecke eine Monopol-

Tourbeschreibungen

stellung, ist dafür aber mit 6,- Euro p.P. verhältnismäßig günstig. Die weitere Streckenführung wird derzeit ausgebaut, ab 2013 soll eine Fahrt bis zur Talstation der Materialbahn zur Memminger Hütte mit dem gleichen Unternehmen möglich sein. Man spart dadurch eine gute Stunde Gehzeit und 300 Höhenmeter.

Wir brechen von Madau aus auf zur Memminger Hütte und gehen die erste Stunde über eine halbwegs befestigte Fahrstraße, die zur Abwechslung ein angenehmes und einfaches Gehen ermöglicht und durch schönes bewaldetes Gebiet führt. Die Steigung von 300 Höhenmetern lässt sich moderat auf eine Stunde verteilen. Auf etwa 1500 m kommen wir an der Talstation der Materialbahn, hinter der sich die Aplihütte befindet, an. Hier ist linkerhand der üppige Gebirgsbach über eine geländerlose Brücke zu überqueren. Nun beginnt der ca. 2 ¼ Stunden dauernde Aufstieg zur Memminger Hütte, zuerst auf recht steilen Wegen durch bewaldetes Gebiet, dann etwas gemäßigter über Wiesen und Felsabschnitte. Ein Wasserfall steigert den Erlebniswert dieses Abschnitts und sorgt für Orientierung auf dem Weg 632, da der tiefer entstehende Lauf unterhalb nochmal überwunden werden muss. Nach der Querung geht es hoch über eine Scharte, an der wir erstmal auf mehrere Steinböcke treffen. Diese halten sich in sicherer Entfernung auf der links liegenden Felswand auf, verleihen aber den Eindruck völlig im Einklang mit der Natur unterwegs zu sein. Der Weg zieht sich noch hinter dem Berg entlang, bevor wir zugegebener Maßen erschöpft die Memminger Hütte erblicken.

Tourbeschreibungen

Unterkunft: Memminger Hütte (2242 m)
Pächter: Manuel Walch, www.memminger-huette.at
Reservierung per email: info@memminger-huette.at
Kein Telefon und Handyempfang auf der Hütte,
Reservierung aber auch telefonisch unter: 0043-5634-20036.
Rucksacktransport ab Materialseilbahn möglich, Telefon an der Talstation.
Übernachtung für DAV-Mitglieder 8,- Euro/Lager

Tourbeschreibungen

Erstes Notlager

An der Memminger Hütte kommen wir recht spät an. Wir merken erstmals, dass wir nicht vereinzelt in den Bergen sind, sondern dass hier gefühlte Hundertschaften von Bergwanderern und –steigern unterwegs sind. Die Hütte liegt auf der Streckenführung des E5! Die Küche hat schon zu, die Lager sind vergeben. Uns bleibt trotz Reservierung noch ein Notlager, das teilweise über zusätzliche Matratzen in den Schlafräumen realisiert wird. Mir weist die freundliche Thekenbedienung einen Schlafplatz auf einem Feldbett in einem Vierer-Zimmer zu. Nach dem ersten Radler auf der Terrasse, beschließe ich müde und verschwitzt mein Notlager aufzusuchen, um die Lage zu sondieren. Im Zimmer treffe ich auf zwei junge Frauen, die sich mir als Julia und Carina vorstellen. Sie machen zwar auch einen körperlich geschafften Eindruck, sind optisch und geruchstechnisch aber in deutlich besserer Verfassung als ich. Auch wenn sie mir versichern, dass ein weiterer Zimmergenosse kein Problem darstelle, beschließe ich die Nacht auf dem Flur zu verbringen. Ein Schlafplatz unmittelbar unter einer Holzablage, auf der sich die bereits vor mehreren Stunden angekommenen Übernachtungsgäste mit ihrer Ausrüstung eingerichtet haben, erscheint mir ebensowenig attraktiv wie mein derzeitiger hygienischer Zustand für die anderen. Wichtiger als eine Dusche ist mir zu der Zeit ohnehin das Auffüllen der Energiespeicher. Obwohl die Küche schon lange geschlossen hat, ergattern wir noch eine Linsensuppe als Bergsteigeressen. Zwei Bier und ein paar Runden Skat später falle ich erschöpft ins Nachtlager, muss mich aber wundern, dass die Qualität des Schlafes nicht meinem Bedürfnis gerecht wird. Es ist frisch und betriebsam auf dem Flur. Vielleicht hätte ich doch besser den Platz im Zimmer genommen? Julia und Carina sollte ich aber später trotzdem noch näher kennen lernen.

Tourbeschreibungen

4.3 Etappe 3: Memminger Hütte - Zams

Niveauvolle Tour mit anspruchsvollen Kletterstellen und schönen Aussichten

Anspruch: ★★★ Erlebnisfaktor: ♥♥♥
Gehzeit: 7 ½ h ↑ 850 m ↓ 2050 m

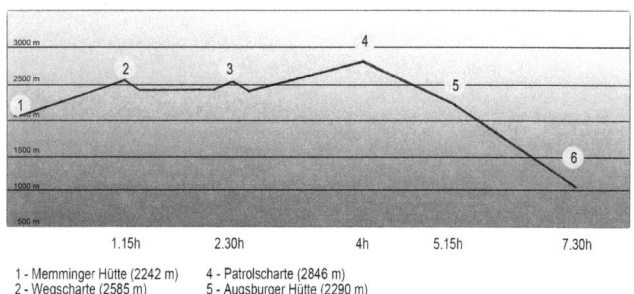

1 - Memminger Hütte (2242 m)
2 - Wegscharte (2585 m)
3 - Parseierjoch (2560 m)
4 - Patrolscharte (2846 m)
5 - Augsburger Hütte (2290 m)
6 - Grins

Wir brechen um kurz vor 8.00 Uhr von der Memminger Hütte mit zahlreichen anderen Wanderern auf. Hinter der Hütte geht es im großen Tross rechts auf den Weg 633, der sich anfangs entlang des unteren Seewisees noch moderat gibt. Kurze Zeit später aber geht es schon knackiger zur Sache. Nach einer dreiviertel Stunde erreichen wir auf etwa 2400 Meter die Abzweigung zur Parseierspitze. Der E5 geht links ab in Richtung Seescharte. Als einzige Kleingruppe halten wir uns rechts. Wer mag, schiebt hier einen kurzen Abstecher auf das Seeköpfle ein, dessen Weg sich kurze Zeit später rechts zeigt. Während sich die Karawane von Wanderern noch sichtbar den Aufstieg zur Seescharte hochschiebt, haben wir auf dem deutlich abgelegeneren Weg ersten Kontakt mit zwei Steinböcken, die sich uns bis auf fünf Meter nähern und ein unvergleichliches Naturschauspiel abgeben.

Naturschauspiel hinterm Seeköpfle: Steinbock in unmittelbarer Nähe

Unterwegs auf dem Spiehlerweg

Durch ein Flussbett in schluchtartigem Gelände erreichen wir dann hochalpines Terrain. Nach einem halbstündigen mühsamen Aufstieg über Schutt erreichen wir die Wegscharte auf 2585 Meter Höhe. Von hier aus ergibt sich ein wunderbarer Blick auf den oberen Seewisee und dem Seeköpfle im Hintergrund. Wir halten

Tourbeschreibungen

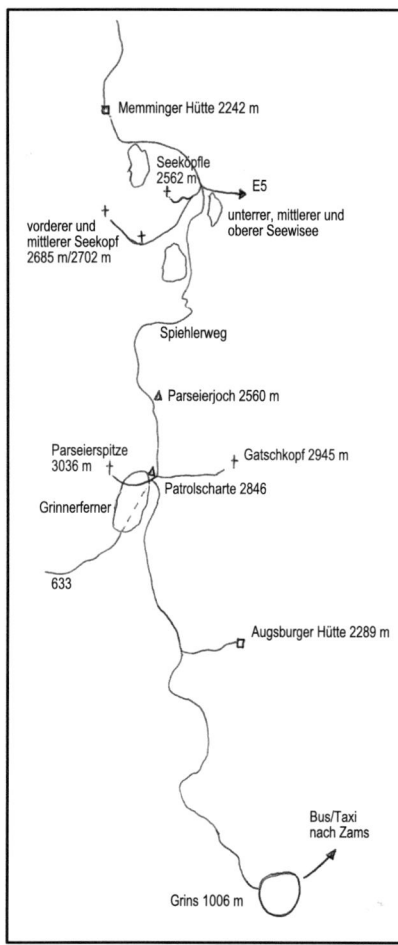

uns links Richtung Augsburger Hütte bzw. Spiehlerweg. Rechts ab ergibt sich die Möglichkeit, die Seeköpfe auf etwa 2700 Meter zu besteigen. Unser Weg führt uns erst mal 100 Höhenmeter über einen versicherten Steig herunter. Hier ist wegen Rutsch- und Steinschlaggefahr Vorsicht geboten, die Route geht über brüchigen Fels und Schutt.

Kletterhandschuhe erweisen sich an dieser Stelle als sinnvolle Ausrüstungsergänzung. Nach dem Abstieg geht es an der Flanke hinter und unterhalb der Seeköpfe auf etwa 2450 Meter den Spiehlerweg entlang. Wir genießen während der halbstündigen Wanderung ohne große Höhendifferenzen den Blick in den Talkessel und sparen etwas Kraft für den danach anstehenden Aufstieg zum Parseierjoch. Dieser präsentiert sich mit je einer Viertelstunde Auf- und Abstieg zwar zeitlich überschaubar, der weitgehend gesicherte Steig ringt einem aber zum Teil anspruchsvolle

Tourbeschreibungen

Kletterpassagen im zweiten Grad ab. Die Strecke ist ohne weitere technische Ausrüstung zu bewältigen, erfordert aber unbedingt Trittsicherheit und Schwindelfreiheit. Unmittelbar nach dem Abstieg erfolgt der Anstieg zur Patrolscharte. Nachdem zwei Schneefelder gequert sind, geht es über eine durchaus anspruchsvolle Wand. Die Strecke ist zwar wieder seilversichert, lässt aber wegen Länge und Steilheit eine Klettersteigausrüstung als sinnvoll erscheinen. Wir überwinden die 1 ¼ Stunden dauernde Kletterei ohne diese, müssen aber eingestehen, dass die uns entgegen kommende Kleingruppe mit Klettersteigset, Handschuhen und Helm sinnvoller ausgestattet ist. Im Bewusstsein, eine anspruchsvolle Strecke schon hinter uns zu haben, erreichen wir entsprechend adrenalingeladen die Patrolscharte auf 2.846 Metern.

Abstieg von der Patrolscharte

Hier bieten sich als Abstecher eine Besteigung des Gatschkopfes (2945 m, ¾ Stunde für Auf- und Abstieg) linkerhand oder der Parseierspitze (3036 m, 1½ Stunden für Auf- und Abstieg) auf der rechten Seite an. Wir entscheiden uns wegen aufziehenden Schlechtwetters

Tourbeschreibungen

gegen einen weiteren Auf- und für den Abstieg zum Grinnerferner und weiter zur Augsburger Hütte. Der Grinnerferner, der den Namen Gletscher eigentlich nicht mehr verdient, ist nach einer Viertelstunde erreicht. Danach geht es wieder kurz , dafür recht steil am Seil über Fels herunter. Das sich anschließende Schneefeld ist merklich flacher und kann ohne Steigeisen begangen werden. Während des sich nun entladenden Gewitters verzögert sich der Abstieg. Nach Aufklarung zeigt sich der linker Hand über eine Bergkuppe führende Weg zur Augsburger Hütte wieder deutlicher. Ihm folgend erreichen wir nach etwa einer Stunde die Hütte auf 2290 Meter Höhe und belohnen unsere bisherige Leistung mit Pasta und Radler. Der Abstecher zur Augsburger Hütte ist uneingeschränkt zu empfehlen: Die überschaubare Größe, exponierte Lage mit grandioser Aussicht, Gemütlichkeit und Freundlichkeit machen diese Berghütte zu einer der schönsten unserer Tour.

Der Abstieg erfolgt entlang des Gletscherbaches, den wir mehrfach kreuzen. Bei starkem Regen und/oder Gewitter ist hier wieder Vorsicht geboten. Später geht es über Wiesenpfade weiter entlang des Flusses. Alternativ kann man sich weiter links halten und einen Weg durch bewaldetes Gelände wählen. Nach 2¼ Stunden ist Grins (1010 m) erreicht. Von hier aus geht es mit Bus oder Taxi nach Zams.

Tourbeschreibungen

Unterkunft: Restaurant-Hotel Schmid
Hauptstraße 71, A-6511 Zams, www.schmid-zams.com
Nette Leute, gute Zimmer, ausgezeichnete Küche.
Reservierung per email: restaurant@mynet.at
Übernachtung mit Frühstück im Dreierzimmer 35,- Euro p.P.

Tourbeschreibungen

Ein Taxi der besonderen Art

„Nein, wir fahren nicht mit dem Taxi", formulierten wir den Geldbeutel schonenden Wunsch noch beim Abstieg. In Grins angekommen tun wir uns schwer ein Ortszentrum ausfindig zu machen, um nach einer Bushaltestelle oder dann eben doch einem Taxistand Ausschau zu halten. Wir fragen daher eine Frau mittleren Alters, die sich mit Mutter und Tochter in ihrem Garten aufhält, nach einem zentralen Platz in Grins, ernten aber nur ein herzliches Lächeln. Ein Platz sei bei der Hanglage des Ortes wohl kaum baulich umsetzbar, erklärt uns die Dame der mittleren Generation. Was wir denn suchten, wollte sie wissen. Für ein öffentliches Verkehrsmittel ist es schon zu spät, ein Taxi gibt es aber in Landeck. Sie schaut in einem Telefonbuch nach und ruft nachdem sie erkennt, dass wir mit dem Handy ein Auslandsgespräch führen wollen, kurzerhand selber an. Das Taxi brauche 20 Minuten bis es da sei und koste 18,- Euro. Für 15,- Euro brächte sie uns selber unterbreitet sie uns ein Angebot, das uns zuerst völlig überrascht, wir aber dankend annehmen. Auf der Fahrt über Landeck erzählen wir noch über Urlaubserfahrungen in Österreich, Schweiz und Deutschland, über mehrere Tote im Gebirge durch Gewitter in dieser Woche und über die Pension, vor deren Tür uns die ebenso nette wie mitteilsame Frau absetzt.
Solche Begegnungen bereichern die Tour ungemein, sind wir uns einig. Die 15,- Euro will die Dame übrigens zum Schluss gar nicht mehr haben. Diese setzen wir im Biergarten des Theresienkellers am Abend noch in Gerstensaft um, nachdem wir uns zuvor mit einer leckeren Pizza gestärkt haben. Das Lokal wirbt auf einer anderen Leuchtreklame übrigens mit „Pizzeria E5". Dass wir uns auf einem Teilabschnitt des Fernwanderweges befinden, wird uns dann auch bei den zahlreichen eindeutig als Wanderer zu identifizierenden Gästen wieder ins Gedächtnis gerufen. Viele Gruppen steuern von der Memminger oder Württemberger Hütte über den E5 Zams an, um am folgenden Tag zur Braunschweiger Hütte aufzusteigen.

Tourbeschreibungen

4.4 Etappe 4:
Zams – Mittelberg

Ein Erholungstag mit gemütlicher Almwanderung, schöner Aussicht und Gipfelkreuz

Anspruch: ★   Erlebnisfaktor: ♥♥
Gehzeit: 4 ¾ h   ↑ 300 m   ↓ 1550 m

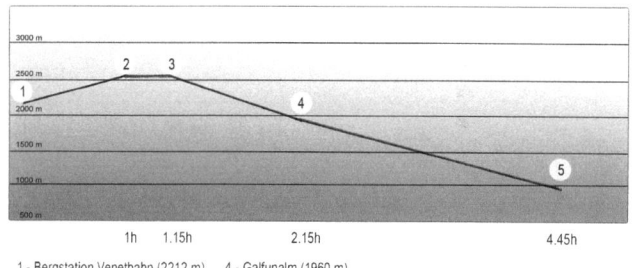

1 - Bergstation Venetbahn (2212 m)   4 - Galfunalm (1960 m)
2 - Glanderspitze (2512 m)   5 - Wenns (980 m)
3 - Wannejöchle (2497 m)

Von der Pension aus sind es ein paar hundert Meter zur Talstation der Venetbahn. Auf dem Weg liegen noch eine Bäckerei und eine Tankstelle um sich mit Proviant für den Tag zu versorgen. In nur neun Minuten geht es dann von 775 in Zams auf 2212 Meter zur Bergstation. Die grandiose Aussicht auf die Lechtaler Alpen inklusive Parseierspitze geniessen wir wenige Minuten um auf gut ausgebauten Wegen zur Spitze des Venet, der Glanderspitze auf 2512 Meter aufzubrechen. Über den Panoramaweg geht es die erste halbe Stunde noch moderat, die zweite halbe Stunde etwas steiler zum begrasten Gipfel mit mächtig großem Kreuz. Die Wege sind bis oben gut ausgetreten, Fels und Geröll sind eher die Ausnahme. Das alles macht die Route familientauglich und führt zu einer recht hohen Frequentierung. Hier ist man bei gutem Wetter zu keiner Zeit alleine. Weiter geht es von der Glanderspitze in einer Viertelstunde zum Wannejöchl (2497 m, ebenfalls mit Gipfelkreuz).

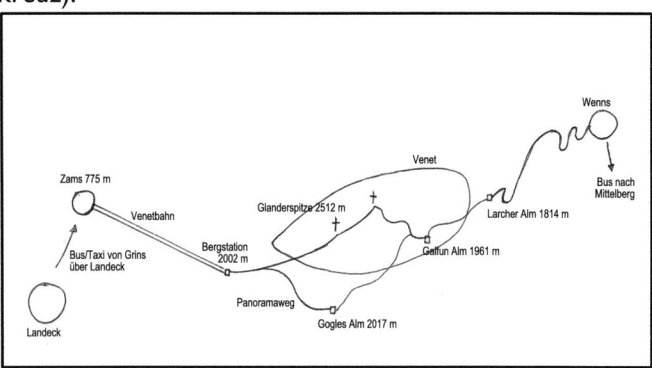

Hier sind gelegentlich kurze Stellen mit leichter Felskletterei zu überwinden. Insgesamt sind die Wege auf diesem Abschnitt aber gut befestigt, ausgebaut, markiert und dementsprechend leicht zu erkennen. Wir merken durchgehend, dass wir auf einem touristischen Hotspot unterwegs sind. Über einen moderaten Grat geht es in einer Stunde herunter zur Galfun Alpe auf 1960 Meter Höhe. Hier stärken wir uns mit Suppe und Speckjause (5,50 Euro, sehr zu empfehlen) und gönnen uns wegen der recht einfachen Streckenführung schon etwas früher als sonst die ersten Weizenbiere. Der Abstieg nach Wenns folgt der an der Alm beginnenden Fahrstrasse. Gemütlich geht es nach 20 Minuten an der Larcher Alm vorbei und weiter runter auf dem inzwischen gut ausgebauten Fahrweg. Nach zwei Stunden treffen wir auf erste Häuser und 200 Meter hinter dem Ortseingangsschild geht links ein kleiner Weg als Abkürzung zum Ortszentrum ab. Diesen schlagen wir ein und bewegen uns an dessen Ende nochmal kurz links zur kaum zu verfehlenden Bushaltestelle. Von hier fahren wir mit dem Bus für 6,90 Euro p.P. nach Mittelberg zum Gasthof Steinbock.

Tourbeschreibungen

Unterkunft: Gasthof Steinbock, A-6481 Mittelberg/St. Leonhard, www.berghof-steinbock.at
Freundlich, sauber und ordentlich, gute Küche.
Reservierung per email: info@berghof-steinbock.at
Übernachtung mit Frühstück im Dreierzimmer 40,- Euro p.P. inkl. Sauna

Verstärkt den Almcharakter: Weidevieh am Venet

Gute Wege zur Glanderspitze   Kleiner Berg, großes Kreuz

51

Tourbeschreibungen

Anna, der „Murmelbär"

Am Morgen auf der Memminger Hütte verabschiedeten wir uns noch von Carina und Julia und wünschten eine gute weitere Tour. Dass sie sich auch aufgemacht hatten, die Alpen zu überqueren und sich dabei weitgehend an der Streckenführung des E5 orientieren wollten, hatten wir inzwischen herausgefunden. Unterschiedliche Routenverläufe und abweichendes Gehtempo ließen vermuten, dass es bei dieser flüchtigen Bekanntschaft bleiben sollte. Umso überraschter waren wir, als wir die Beiden an der Bergstation der Venetbahn wiedertrafen. Sie wollten nicht den Weg über die Glanderspitze, sondern den Venet-Rund-

wanderweg über die Gogles Alm einschlagen. Auf der Galfun Alm trafen wir wieder aufeinander und kamen wieder einmal ins Gespräch. Eigentlich wollten sie zu dritt mit ihrer Freundin Anna die Tour machen. Da diese aber absprang, musste ersatzweise ein kleines Kuscheltier herhalten. Dieses wurde am Rucksack befestigt und über Tage durch die Alpen getragen. Da sein äußeres Erscheinungsbild nicht eindeutig einer Tiergattung zuzuordnen war, wurde er von den beiden jungen Damen liebevoll als „Murmelbär" bezeichnet, der verständlicherweise den Namen „Anna" trug. Nette Idee, die Freundin so doch noch mitzunehmen. Nach dem Aufbruch von der Jausenstation verabschiedeten wir uns abermals, um an der Bushaltestelle in Wenns wieder aufeinander zu treffen. Wie sich herausstellte, übernachteten die Beiden auch im Gasthof Steinbock, wo die Gespräche nach dem Abendessen noch weitergeführt wurden. Manche Begegnungen ziehen sich offenbar wie ein roter Faden durch eine solche Tour.

Tourbeschreibungen

4.5 Etappe 5: Mittelberg – Vent

Variante A

Hochtour über den Mittelbergferner und Pitztaler Jöchl ins Rettenbachtal

Anspruch: ★★ Erlebnisfaktor: ♥
 (ab 2013 ohne Baustelle ♥♥)
Gehzeit (inkl. Aufstieg zum Mittelbergjoch): 6 ½ h
 ↑ 800 m ↓ 700 m

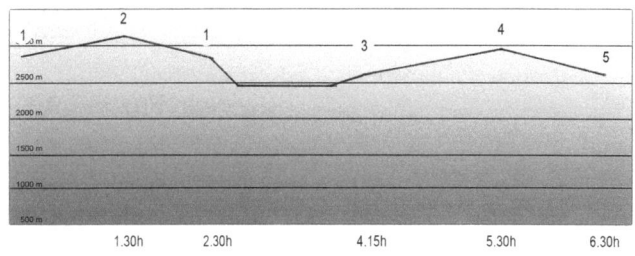

1 - Bergstation Gletscherbahn (2860 m)
2 - Mittelbergjoch (3160 m)
3 - Braunschweiger Hütte (2758 m)
4 - Pitztaler Jöchl (2996 m)
5 - Rettenbachjoch (2670 m)

Vom Hotel im Talschluss bewegen wir uns Richtung Ort um nach wenigen Schritten links den Weg zur Talstation (1740 m) der Pitztaler Gletscherbahn einzuschlagen. Während sich die E5-Wanderer zu Fuß zum Etappenziel der Braunschweiger Hütte auf 2759 Meter Höhe aufmachen, bewältigen wir die 1100 Höhenmeter zur Bergstation in nicht ganz fünf Minuten. Die Bahn verläuft unterirdisch und funktioniert wie eine Art Zahnradbahn. Zum Zeitpunkt unserer Ankunft ist die Atmosphäre auf dem Berg trotz weniger Menschen alles andere als idyllisch und naturnah. Lautes Motoren- und Maschinengeräusch stört die alpine Welt hier gewaltig. Wir

Tourbeschreibungen

kommen in einer Großbaustelle an. Hier soll auf fast 3000 Meter Höhe die höchste Seilbahn Österreichs errichtet werden.

Nach Fertigstellung ab Ende 2012 fährt die Wildspitzbahn in Achter-Gondeln zum Café „3440" auf selbige Höhe und damit unmittelbar auf den hinteren Brunnenkogel zum Fuß der Wildspitze.

Wir beschließen, die Großbaustelle zügig zu verlassen und halten uns zuerst links, dann rechts Richtung Mittelbergjoch. Den Ausläufer des Brunnenkogels lassen wir rechts liegen und bewegen uns noch recht eisfrei auf der Flanke dem Mittelbergjoch zu, das Ziel der Wildspitzbesteigung fest im Blick. Nach etwa 1 ½ Stunden müssen wir der negativen Entwicklung des Wetters Tribut zollen und beschließen die Rückkehr. Zu hoch erscheint uns die Gewitterwahrscheinlichkeit und damit die Gefährlichkeit der doch langen Gletscherwanderung. Zurück an der Bergstation des Gletscherexpresses halten wir uns nun östlich um alternativ über die Braunschweiger Hütte und dem Pitztaler Jöchl Richtung Sölden abzusteigen. Die erste Viertelstunde geht es bauarbeitsbe-

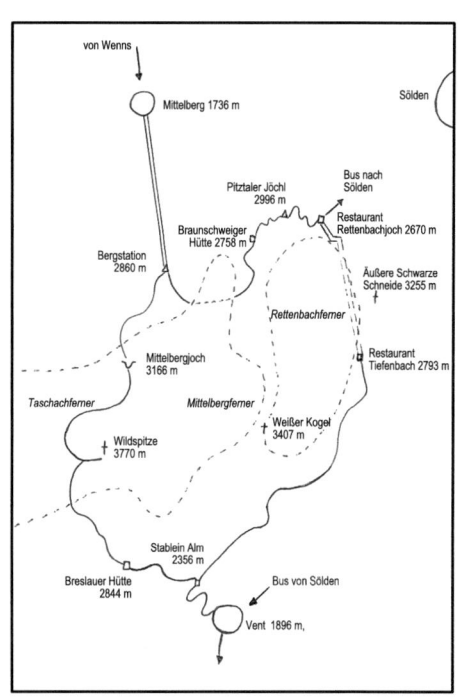

Tourbeschreibungen

dingt über einen Fahrweg (auf 2850 Metern!) bergab, bevor der Einstieg in den Mittelbergferner beginnt. Dieser läuft zur Zeit unserer Tour im ersten Teil noch über eine zwei bis drei Meter tief ins Eis gehauene Rinne, die auch von Kettenfahrzeugen befahren wird, führt aber nach wenigen hundert Metern rechts ab.

Am Mittelbergjoch

Fahrstraße durch den Gletscher

Erstmals entsteht der Eindruck, sich wirklich auf dem Gletscher zu bewegen. Der nördliche Ausläufer des Ferners ist deutlich ausgeapert, damit schneefrei und gleichzeitig sehr reich an Oberflächenwasser. Auch wenn sich der ein oder andere ohne Eisgerät auf den Gletscher traut, empfehlen wir zur Sicherheit die Nutzung von Steigeisen. Die Strecke ist mit Holzpflöcken markiert und gut zu finden. Zum Schluss mehren sich die Furchen. Auch einzelne Spalten tauchen nun auf, sind aber insgesamt gut zu erkennen. Nachdem wir nach einer Dreiviertelstunde wieder Fels unter den Füßen haben, folgen wir dem Weg 918 und steigen 15 Minuten munter bergauf und -ab. Nach einer wackeligen Holzbrücke, die einen Gebirgsfluß quert, beginnt der

Tourbeschreibungen

halbstündige Aufstieg zur Braunschweiger Hütte. Die Wege sind gut markiert und zu erkennen und führen nur teilweise über kleinere Blockfelsen. Kletterei ist hier nicht nötig.

Querung des Mittelbergferners

Ausblick von der Braunschweiger Hütte: Wildspitze und Co.

Wir kommen zur späten Mittagszeit an der Braunschweiger Hütte (2758 m) an. Auf der schönen Terrasse

Tourbeschreibungen

genießen wir die Aussicht auf drei Gletscher und Wildspitze, sowie die letzten Sonnenstrahlen des Tages, denn wenig später auf dem Weg zum Pitztaler Jöchl soll es tatsächlich gewittern.
Nach Stärkung mit Radler und Suppe geht es auf gut markiertem Weg hinauf zum Pitztaler Jöchl (2996 m). Zuerst noch moderat, wird die Strecke zunehmend steiler, gegen Ende folgt leichte Kletterei zum Teil mit Stahlseilversicherungen. Der Übergang am Jöchl geht über Blockfelsen und ist nach 1 ¼ Stunde erreicht. Hier halten wir uns aufgrund der Witterung und der starken Winde trotz der schönen Aussicht auf knapp 3000 Metern nur kurz auf und gehen zügig den Abstieg zur Sesselliftstation am Rettenbachferner an. Hier geht es ebenfalls teils am Stahlseil teils am Seil (!) herunter. Die Versicherungen sind auf der Ostseite des Jöchls nicht durchgängig eine Hilfe. Teilweise sind sie in so einem miserablen Zustand, dass von ihnen unserer Einschätzung nach eher eine Gefährdung ausgeht, als dass sie eine Sicherungsmaßnahme darstellen. Die Route geht nach Querung eines Schneefeldes noch ein Stück über Blockfelsen bevor der Weg in eine schneefreie Skipiste übergeht. Bereits hier ist die Liftstation am Rettenbachferner inklusive Parkplätzen und Busverkehr deutlich zu erkennen. Leider ist der Anblick auch hier wenig erbaulich, da die Einschnitte in die Natur durch den Skitourismus im Sommer noch deutlicher erkennbar sind. Der auch hier zu hörende Baustellenlärm trägt sein Übriges zum Gesamteindruck bei. Von der Liftstation am Rettenbachferner auf 2670 Meter Höhe geht es mit den regelmäßig verkehrenden Bussen nach Sölden weiter. Da der Bus die gebührenpflichtige Mautstraße benutzen muss, schlägt die Fahrt mit 16,- Euro p.P. deutlich zu Buche. Dafür entschädigt die abenteuerliche Fahrt mit Blick in atemberaubende Talschluchten. Die Weiterfahrt

Tourbeschreibungen

von Sölden nach Vent fällt mit 4,- Euro p.P. verhältnismäßig günstig aus.

Variante B

Wer auf den Aufstieg zum Mittelbergjoch verzichtet und zum Ende der Tour zwei Stunden mehr Zeit hat, kann alternativ auf den ersten Bus verzichten und parallel zum Rettenbach nach Sölden absteigen (Busfahrt Sölden – Vent wie gehabt). Eine weitere durchaus schöne Möglichkeit besteht darin, von der Rettenbach-Liftstation mit dem Bus durch den Tunnel zur Lifttalstation des Tiefenbachferners zu fahren und von dort über die Via Alpina über Seiter und Weißkar nach Vent zu wandern. Für letztere Option hätten wir uns entschieden, wenn die Wildspitzüberschreitung von vornherein nicht möglich gewesen wäre.

Unterkunft: Pension Reinstadler, Gampenweg 9, A-6458 Vent
Nette, kleine Pension mit guter Küche und Familienanschluss
www.pension-reinstadler.at
Reservierung per email: m.reinstadler@tirol.com
Übernachtung mit Halbpension im Dreierzimmer 36,- Euro p.P.

Tourbeschreibungen

Italiener können nicht nur Fußballspielen

An der Gletscherbahnstation in Mittelberg ist zur ersten Abfahrtszeit um 8.30 Uhr nichts los. Nur zwei Herren und eine Dame der Generation 70+ sind mit uns vor Ort. Sie werfen einen skeptischen Blick auf unser Seil, führen sie selber doch keins mit. Unser Eindruck ist zwiespältig: Die Baumwollhose, das Lacoste-Polohemd und die weiße Schirmmütze sprechen eher für ein rein touristisches Interesse, die hochwertigen Schalenbergschuhe und das Mitführen eines Pickels verraten uns aber, dass da wohl mehr geplant ist. Mit einer rudimentären und verblichenen Schwarzweiß-Kopie einer Überblickskarte ausgestattet, erkundigen sie sich bei uns nach dem Weg zur Wildspitze. Damit sind zwei Sachen klar: Sie wollen rauf und es sind Italiener. Als sie sich am Kartenschalter danach erkundigen, ob drei Stunden Zeit bis zur Wildspitze realistisch seien, wissen wir immer noch nicht so recht, was wir davon halten sollen. Der Bedienstete gibt mit den Worten „A bisserl mehr brauchen's schon" zu bedenken, dass es sich dabei um eine sehr optimistische Einschätzung handelt.
Während wir an der Bergstation noch mit dem Aufrödeln unserer Ausrüstung beschäftigt sind, marschiert die betagte italienische Dreiergruppe kräftig los. Dass wir im weglosen Gelände die Strecke nicht sondieren müssen, sondern jemanden vor uns haben, sehen wir als Vorteil an und gehen hinterher. Am ersten Anstieg aber merken wir schon, dass wir dem Tempo der Drei nicht folgen können. Wenige Höhenmeter später sind sie soweit abgezogen, dass für uns ihre Wegführung kaum noch nachvollziehbar ist. Als wir uns am Mittelbergjoch entscheiden umzukehren, sind die Bergsenioren fast außer Sichtweite im Anstieg auf die Wildspitze. Merke: Auch wenn sie kleidungstechnisch eher nach Golfplatz aussehen, ältere italienische Bergsteiger haben's drauf.
Als wir auf der Terrasse vom Hotel Alt Tyrol abends unseren Hochtourabbruch beim Bier verarbeiten und dem italienischen Trio rückblickend unseren Respekt zollen, ziehen Carina und Julia völlig erschöpft, durchgefroren und mit „abgespackten Zehen" an uns vorbei. Sie mussten wegen einer Überbelegung der Braunschweiger Hütte den Weitermarsch antreten und sich bis nach Vent durchschlagen. Es blieb beim kurzen Statement, zu groß war das Bedürfnis nach warmem Essen und Saunagang im Hotel Vent.

Tourbeschreibungen

4.6 Etappe 6:
Vent – Similaunhütte

Aussichtsreiche Tour durchs Niedertal mit kräftezehrenden Höhenmetern zur Similaunhütte mit Abstechern zu Hauslabjoch (Ötzifundstelle) und Finailspitze

Anspruch: ★★   Erlebnisfaktor: ♥♥♥
(mit Finailspitze: ★★★)
Gehzeit: 6 ½ h   ↑ 1450 m   ↓ 300 m

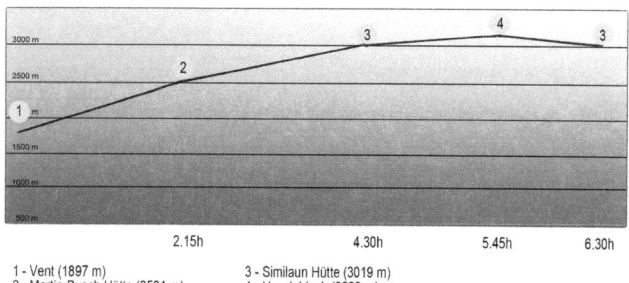

1 - Vent (1897 m)
2 - Martin-Busch-Hütte (2501 m)
3 - Similaun Hütte (3019 m)
4 - Hauslabjoch (3283 m)

Wir verlassen Vent nach einem guten Frühstück in der Pension am frühen Morgen in Richtung Martin-Busch-Hütte über einen gut beschilderten Fahrweg. Die erste Stunde wird die Strecke noch von lichter Latschenbewaldung gesäumt. Viele Pferde und vor allem Schafe verraten uns, dass hier große Weidelandareale zur landwirtschaftlichen Kultur Vents gehören. Im munteren Auf und Ab zieht sich der Weg zunehmend ohne Waldbewuchs durch das Niedertal rechts entlang des Gebirgsbaches. Linkerhand taucht bald der Marzellkamm auf, der wenig später schon den herrlichen Blick auf den Similaun als Talschluss freigibt. Die Strecke liegt auf dem klassischen E5 und ist dementsprechend gut frequentiert. Nach etwa 2 ¼ Stunde und gut 600 Höhenmetern erreichen wir die wunderschön gelegene Martin-Busch-

Tourbeschreibungen

Hütte auf 2501 Meter Höhe. Wir gönnen uns ein Radler und klönen mit einigen Bekannten, die wir auf unserer Tour mehrfach wiedergetroffen haben.

Die letzten Meter zur Martin-Busch-Hütte

Abschiedsbild mit Damen: Carina und Julia trafen wir mehrfach auf der Tour.

Tourbeschreibungen

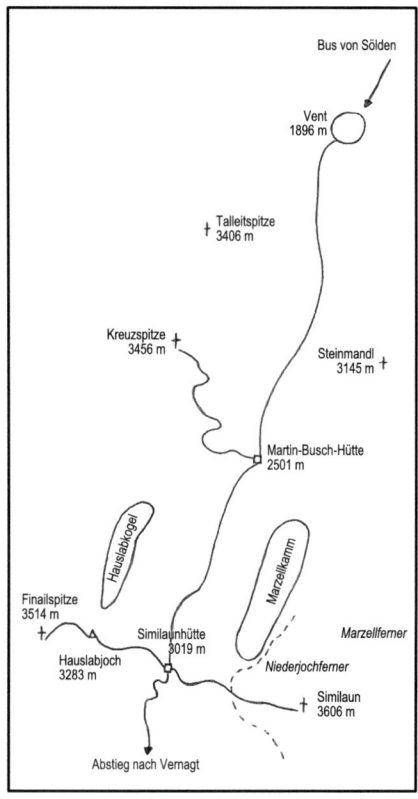

Die erste halbe Stunde geht es nahezu ohne Steigung auf guten Wegen weiter an vielen Wasserstellen und Schafen vorbei. Danach erst wird es steiniger und felsiger. Es ist immer noch gut zu gehen, inzwischen aber wieder deutlich steiler. Nach einer weiteren Viertelstunde müssen wir über zwei Holzbrücken, bevor die letzten 90 Minuten der Aufstieg an der Westflanke von Say- und Hauslabkogel zur Similaunhütte erfolgt. Das letzte Drittel erfolgt über leichte Kletterei im Blockfels. Nach einer Stahlseilversicherung erreichen wir die Similaunhütte (3019 m) nach insgesamt 4 Stunden und gut 1100 Höhenmetern. Von der nahezu umlaufenden Terrasse aus hat man je nach Perspektive einen tollen Blick auf das Niedertal im Norden, den Similaun im Osten und das Schnalstal im Süden. Auch hier zeigt sich die Problematik der E5-Streckenführung auf der sich die Hütte befindet: Sie ist ausgebucht und musste um 14.00 Uhr schon die ersten Übernachtungsgäste abweisen. Wir

Tourbeschreibungen

hatten reserviert und beziehen die letzten Lagerplätze auf einer Empore.

Niederjochferner und Similaun

Aufstieg zum Hauslabjoch

Die Ötzi-Fundstelle

Tourbeschreibungen

Nach einer kleinen Pause bei Radler und Minestrone machen wir uns ohne Gepäck zum Hauslabjoch, das seine Berühmtheit als Ötzi-Fundstelle errungen hat, auf. Die Wegführung ist äußerst abwechslungsreich. Ein häufiger Wechsel von Auf und Ab, einige Schneefelder, Seilversicherungen und leichte Kletterstellen lassen keine Langeweile aufkommen. Das Hauslabjoch ist nach 1 ¼ Stunde erreicht. Wegen der vorgerückten Zeit verzichten wir auf den Aufstieg zur Finailspitze. Dies ist aber nach Informationen einiger uns begegnenden Bergsteiger mit leichter Kletterei auch ohne Eisgerät machbar. Lediglich die Streckenführung ist in dem weglosen Gelände nicht immer leicht. Einzurechnen sind vom Hauslabjoch aus für Auf- und Abstieg zur Finailspitze nochmal gut zwei Stunden. Wir wollen vor Anbruch der Dunkelheit wieder an der Similaunhütte sein und begeben uns deshalb auf gleichem Weg zurück, wo wir noch auf einen Steinbock treffen. Nach einer Dreiviertelstunde sind wir an der Hütte angekommen.

Unterkunft: Similaunhütte (3019 m), privat, keine DAV-Hütte, Pächter: Markus Pirpamer
Telefon Hütte: 0039-0473-669711, Mobil: 0043-676-5074502, Telefon im Tal: 0043-5254-30122 (Reservierung),
Übernachtung 24,- Euro p.P./Lager

Tourbeschreibungen

Und täglich grüßt das Murmeltier

Die Strecke von Vent zur Similaunhütte liegt auf dem E5. Die übliche Variante sieht vor, dass auf der Martin-Busch-Hütte übernachtet wird, um am kommenden Tag über die Similaunhütte nach Vernagt abzusteigen. Es verwunderte also nicht, dass wir auf der Martin-Busch-Hütte Einige wieder trafen, denen wir schon mehrfach auf der Tour begegneten. So zum Beispiel dem Ehepaar mittleren Alters aus dem Spessart, mit denen wir uns schon auf der Zugfahrt nach Oberstdorf bekannt machten. Dass wir aber wieder auf Carina und Julia stießen, ließ uns fast schon an der Existenz von Zufällen zweifeln. Die Beiden ließen sich heute nach der harten Tour von gestern das Gepäck zur Hütte bringen und wollten die Strecke von Vent nach Meran an einem Tag bewältigen. Die Tour sollte heute zu Ende gehen und stattdessen einen zweiten Tag Erholung in Meran vorsehen. In dem Bewusstsein, dass sich unsere Wege nun wohl nicht mehr kreuzen werden, verabschiedeten wir uns nicht ohne ein Erinnerungsfoto an der Martin-Busch-Hütte. Dass wir uns an der Similaunhütte doch wiedertrafen, sei nur der Vollständigkeit halber erwähnt.

Diese vielen Verabschiedungen im Gepäck und den finalen Abstieg am folgenden Tag vor Augen, lassen etwas Wehmut aufkommen, die wir nur beim abendlichen Bier in der Hütte angemessen verarbeiten können. Zum obligatorischen Skatspiel kommt es am vorletzten Tag dennoch nicht. Zu intensiv sind die Gespräche mit drei Bundeswehr-Kameraden, für die die Tour noch lange nicht zu Ende ist. Sie wollten die Alpen überqueren, konnten ihren dritten Mann im Bunde aber nur überreden, wenn sie von zu Hause aufbrächen und auf alle rollenden Verkehrsmittel verzichteten. So brachen sie vor geraumer Zeit nicht nur zu Fuß im Allgäu auf, sondern setzten die Tour tatsächlich ohne Hilfsmittel über den Meraner Höhenweg bis nach Meran fort. Respekt Jungs!

Tourbeschreibungen

4.7 Etappe 7: Similaunhütte – Meran

Abstieg ins Schnalstal mit tollem Blick auf den Vernagter Stausee und Busfahrt nach Meran

Anspruch: ★   Erlebnisfaktor: ♥♥
Gehzeit: 2¼ h (ohne Similaunbesteigung)
↑ 0 m ↓ 1300 m

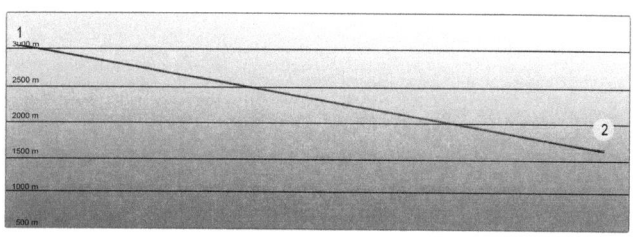

2.15h

1 - Similaunhütte (3019 m)
2 - Vernagt (1690 m)

Morgens nach dem Frühstück wartet der Aufstieg zum Similaun auf uns. Zahlreiche Seilschaften sind schon unterwegs. Die Similaunhütte ist offensichtlich der beliebteste Startpunkt der verhältnismäßig einfachen Gletschertour. Viele steigen von der Hütte mit Bergführer auf. Diese können vor Ort gebucht werden. Derzeitige Kurse sind 270,- Euro für die Finailspitze und 280,- Euro für die Besteigung des Similaun. Es empfiehlt sich, den Kontakt schon im

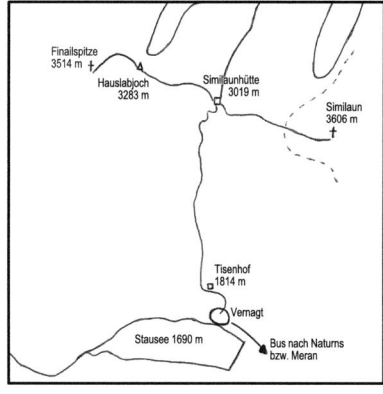

Tourbeschreibungen

Voraus über die Similaunhütte herzustellen und ggf. einen Bergführer zu buchen. Steigeisen und Eisgerät sind zumindest für den Similaun erforderlich.

Morgendlicher Blick von der Similaunhütte ins noch vernebelte Niedertal

Schon beim Abstieg erkennbar: Der türkisblaue Stausee von Vernagt

Tourbeschreibungen

Die Streckenführung ist abhängig von den Spaltenverhältnissen und deren Veränderungen durch die Gletscherschmelze. Der Zustand des Niederjochferners war im Jahr unserer Alpenüberquerung bedauernswert, da inzwischen sehr weit zurückgezogen und weitestgehend ausgeapert. Vor allem der vordere Bereich fast bis zum kleinen Similaun besteht, wenn überhaupt, nur aus Blankeis oder kombiniertem Gelände. Für den Aufstieg sind etwa 2 ½ Stunden zu kalkulieren, für den Abstieg zurück zur Similaunhütte nochmal 2 Stunden.

Der Abstieg nach Vernagt geht von der Hütte in südlicher Richtung zuerst eine Viertelstunde steigmäßig durch Fels. Dann werden die Wege besser und ausgetretener. Die Streckenführung ist klar und kaum zu verfehlen. Schon bald haben wir den Stausee von Vernagt mit seinem türkisblauen Wasser im Blick, der uns bis zum Ziel nicht mehr verläßt. Eine halbe Stunde gehen wir noch über Schutt und Fels, später bekommen die Wege den Charakter von Almpfaden. Spätestens jetzt begegnen wir auch Weidetieren, zuerst Schafen, etwas tiefer auch Kühen. Es geht nun ein Stück durch lichten Wald bevor wir etwas später schon die ersten Häuser sehen. Nach etwa zwei Stunden erreichen wir auf linker Seite mit dem Tisenhof noch eine empfehlenswerte Jausenstation. 15 Minuten später kommen wir zur Bushaltestelle, ab der wir unseren Weg nach Meran fortsetzen. Vorher genießen wir auf der Außenterrasse eines Lokals mit Blick auf den See unser erstes Bier, mit dem wir auf die Alpenüberquerung anstoßen. Wir haben's geschafft!

Der Bus bringt uns bis nach Naturns (3,- Euro p.P.), von dort fahren wir mit dem Zug nach Meran weiter (2,- Euro p.P.). Eine halbe Stunde Fußweg von Meran Haupt-

Tourbeschreibungen

bahnhof sind noch zu absolvieren um unser letztes Etappenquartier, das Hotel Siegler am Thurm, zu erreichen. Hier genießen wir bei inzwischen deutlich mediteranen Temperaturen den Pool im Garten und lassen uns von den integrierten Massagedüsen die Muskulatur im Wasser lockern.

Unterkunft: Hotel Siegler am Thurm, Pfarrgasse 6, I-39012 Meran
www.thurm.it
Inh. Familie Triunfo
Solides Hotel mit Pool und Bar, vernünftige Preise und ordentliches Buffet, 63,- Euro im Dreibettzimmer inkl. HP.
Reservierung per email: info@thurm.it

Tourbeschreibungen

4.8 Angekommen

Wir haben die Alpen überquert und sind in Meran angekommen. Auch wenn wir am letzten Abend nicht, wie eine Gruppe neben uns von einem Bergführer eine Urkunde anlässlich der Alpenüberquerung verliehen bekommen haben, stellt sich unmittelbar nach der Ankunft ein wunderbares Gefühl ein.

Wir sind angekommen, haben ein Ziel erreicht und Grenzen überwunden. Ich glaube, die Vielfältigkeit dieser Grenzerfahrungen, die für ein bestimmtes Ziel zu bewältigen sind, machen die Alpenüberquerung reizvoll und spannend. Es sind nicht nur persönliche, körperliche wie mentale Grenzen, sondern tatsächliche: Politische Grenzen werden von Deutschland nach Österreich und von Österreich nach Italien überschritten. Geographische und landschaftliche Grenzen begegnen uns in den sieben Tagen auf jedem Schritt. Neue Gebirgsketten eröffnen sich, ein Joch oder eine Scharte wird durch-, ein Gipfel bestiegen. Und immer wieder eröffnet sich ein neues Tal.

Die Alpenüberquerung gestattet ursprüngliche Möglichkeiten der Naturbegegnung. Jenseits des E5 sind tatsächlich Ruhe und Stille der Berge zu genießen. Es gibt Abschnitte, da begegnet man außer der eigenen Seilschaft mehr als drei Stunden keiner Menschenseele. Man konzentriert sich auf sich selbst und ist mit sich und der Welt so wie sie ist im Reinen. Und dennoch erlaubt die Alpenüberquerung zahlreiche Begegnungen mit Menschen. Sowohl auf der Hütte, als auch im Hotel und teilweise auch auf dem Weg ergeben sich Kontakte und Bekanntschaften, die eine Etappe unglaublich bereichern. Manche dieser Begegnungen ziehen sich durch die Tour wie ein roter Faden.

Tourbeschreibungen

Nicht zuletzt ermöglicht die Alpenüberquerung Gruppen- und Selbsterfahrung. Unsere Seilschaft hat gut funktioniert, sie war geprägt von Kameradschaft und Unkompliziertheit. Aber auch Konflikte gehören zu einer Tour und müssen gelöst oder zumindest ausgehalten werden. Von dem Funktionieren der Gruppe und ihrer Dynamik hängt Wesentliches ab. Die Reflexion der eigenen Rolle und des eigenen Verhaltens sowie die Unmittelbarkeit der Rückmeldung des Umfelds gehören zu den wichtigen Erfahrungen, die man auch für sich mitnehmen kann.

Die Alpenüberquerung hat alle meine Erwartungen erfüllt. Auch wenn wir nicht jeden Hotspot haben mitnehmen können, stellt diese siebentägige Wanderschaft aufgrund ihrer vielfältigen Eindrücke und Erfahrungen eins meiner bisherigen Outdoor-Highlights dar. Ich würde sofort wieder losgehen!

5 Tipps und Infos

5.1 Kostenkalkulation

Übernachtungen
Die Nächte auf den Hütten sind mit Ausnahme der Similaunhütte sehr preiswert. Hier bezahlt man für einen Lagerplatz als DAV-Mitglied zwischen 8,- und 10,- Euro und für einen Schlafplatz im Mehrbettzimmer 12,- Euro. Die Similaunhütte ist keine DAV-Hütte, sondern wird privat bewirtschaftet. Hier sind Kosten von 24,- Euro pro Person zu tragen.
Nicht ganz leicht sind die Preise für die Pensions-/Hotelübernachtungen zu kalkulieren. In den von uns besuchten Quartieren haben wir je Nacht zwischen 35 und 40 Euro inkl. Frühstück (in der Pension Reinstadler inkl. Halbpension) bezahlt. Die Hotels in Meran sind deutlich teurer. In der Hauptsaison bieten viele Übernachtungen erst ab drei Nächten an. An unserem Zielort haben wir uns ein Hotel mit Pool gegönnt, um den müden Körper ein wenig zu verwöhnen. Hier hat die Übernachtung inkl. Halbpension (3-Gänge-Menü) 74 Euro pro Person gekostet. Alle Preise beziehen sich auf Dreibettzimmer, Doppel- bzw. Einzelzimmer kosten dementsprechend etwas mehr. Für die Unterkünfte (teils inkl. Verpflegung) sind folglich etwa 250 Euro anzusetzen.

Verpflegung
Sowohl unterwegs als auch zum Frühstück und Abendessen braucht der Körper Energie, um genug Kraft für die kommenden Anstrengungen zu haben. Bei den Hotels/ Pensionen ist das Frühstück in aller Regel inklusive. Auf den Hütten sollte man für ein Frühstück zwischen 5 und 8 Euro einplanen, je nachdem ob man mit Kaffee und Müsli auskommt oder von vorneherein ein festes Frühstück bzw. Buffet angeboten wird. Das

Tipps und Infos

Frühstück ist auf den Hütten im Vergleich zu den Übernachtungskosten verhältnismäßig teuer. Zu bedenken ist aber, dass die Pächter an den Übernachtungen kaum etwas verdienen, da hohe prozentuale Abgaben an die jeweiligen Sektionen abzuführen sind. Die Sektionen benötigen das Geld auch dringend, um die Instandhaltungskosten für die Hütten aufbringen zu können. Zudem werden die Nahrungsmittel häufig sehr aufwändig über Materialseilbahn oder via Helikopter auf die Hütten gebracht. Das verteuert verständlicherweise die Beschaffung.

Auch unterwegs bietet sich die Möglichkeit auf Hütten etwas zu essen oder auf selbstgekaufte und mitgeführte Nahrung zurückzugreifen. Hier bieten sich haltbare und energiereiche Zwischenmahlzeiten wie Schoko- oder Körnerriegel, luftgetrocknete Würste (etwa Landjäger oder Kaminwurzen) oder Studentenfutter an. Zudem sollte immer genug Flüssigkeit mitgeführt werden. Wasser ist an nahezu allen Hütten kostenlos auffüllbar.

Falls man zur Mittagszeit eine Hütte aufsucht, bietet sich eine schmackhafte Suppe mit Nudeln oder Knödeln an, die nicht schwer im Magen liegt und den Elektrolythaushalt wieder ausgleicht. Eine leckere Speck- oder Käsejause stellt ebenfalls eine Option dar. Dazu kommt je nach Geschmack eine Saftschorle, ein alkoholfreies Bier oder Radler. Für eine Zwischenmahlzeit oder ein Mittagessen auf einer Hütte sollten etwa 10 Euro angesetzt werden.

Ein Abendessen kostet – egal ob Hütte oder Restaurant – zwischen 8 und 15 Euro zzg. Getränken. Hier kommt es natürlich darauf an, ob man eine Linsensuppe wählt, eine Pizza isst oder ein echtes Wiener Schnitzel. Die Verpflegungskosten variieren also je nach eigenem Geschmack recht stark; zwischen 20 und 25 Euro sollte man allerdings pro Tag einplanen – insgesamt also ca. 200 Euro.

Transportkosten
Die hier vorgestellte Tour ist auf sieben Tage ausgerichtet. Dies geht nicht, ohne teilweise auf öffentliche Verkehrsmittel, Taxen und Bergbahnen zurückzugreifen. Die Bergbahnen machen mehr als die Hälfte der Kosten aus; die Nebelhornbahn kostet 19 Euro, die Venetbahn 12 Euro und die Pitztaler Gletscherbahn 17 Euro. Dazu kommen Taxi- und Buskosten von weiteren 35 Euro. Für den Transport sind somit weitere 80 Euro einzuplanen.

Insgesamt fallen neben An- und Abreise (günstigstenfalls mit dem Zug, Vorbuchung empfohlen) Kosten von rund 500 Euro an.

5.2 Kartenmaterial

Wir greifen für unsere Tour gerne auf die DAV-Karten zurück. Sie sind zuverlässig, genau und in kleinem Maßstab erhältlich. Da die Alpenvereinskarten aber nicht den ganzen Alpenraum abdecken, nutzen wir die ebenfalls guten, aber in etwas gröberem Maßstab vorliegenden Karten von freytag & berndt. Insgesamt kamen zum Einsatz:
- Alpenvereinskarte, Allgäuer – Lechtaler, Alpen-West 2/1, 1 : 25000.
- Alpenvereinskarte, Allgäuer – Lechtaler, Alpen-Ost 2/2, 1 : 25000.
- Alpenvereinskarte, Lechtaler Alpen, Parseierspitze, 3/3, 1 : 25000.

Tipps und Infos

- Landeck – Reschenpass – Samnaungruppe – Paznaun, WK 254, freytag & berndt, 1 : 50000.
- Ötztal – Pitztal – Kaunertal – Wildspitze, WK 251, freytag & berndt, 1 : 50000.
- Vinschgau – Ötztaler Alpen, WK S2, freytag & berndt, 1 : 50000.

5.3 Bergschulen

Folgende Bergschulen bieten als Veranstalter Alpenüberquerungen und auch dieser Streckenführung ähnliche Alternativen als geführte Touren an:

DAV Summit Club GmbH
Am Perlacher Forst 186
81545 München
www.dav-summit-club.de

OASE AlpinCenter
Bahnhofplatz 5
87561 Oberstdorf
www.oase-alpin.de

Bergschule Oberallgäu
Edelweißstraße 5
87545 Burgberg
www.alpinschule.de

Alpinschule Oberstdorf
Im Oberen Winkel 12a
87561 Oberstdorf
www.alpinschule-oberstdorf.de

Wer nur für bestimmte Etappen auf Bergführer zurückgreifen will, informiert sich am besten an den Bergführerstellen des nahegelegenen Talortes, online z.B. über www.bergsportfuehrer-tirol.at.

5.4 Weiterführende Literatur

Für alpine Sicherungstechniken, Grundausrüstung und Technik:

- Stefan Winter: Richtig Hochtouren. München: BLV 2003.
- Olaf Perwitzschky: Bergwandern – Bergsteigen. München: Rother, 2. Aufl., 2011
- Pit Schubert: Alpine Seiltechnik, Ausrüstung – Technik – Sicherheit. München: Rother, 9. Aufl., 2011.

Für die Streckenführung und Routenbeschreibung:

- Stephan Baur, Dirk Steuerwald: Fernwanderweg E5. Konstanz-Oberstdorf – Meran/Bozen – Verona. In 30 Etappen quer über die Alpen. München: Rother, 4.Aufl., 2012.
- Klaus Schlösser: Alpenüberquerung. Zu Fuß von Oberstdorf nach Meran auf der Panoramaroute der Bergführer. Kempten: SL-Verlag o.J.